Salsa

Salsa

EL ORGULLO DEL BARRIO

Enrique Romero

CELESTE EDICIONES

Géneros de Etiqueta
colección dirigida por Alberto Manzano

© 2000, Enrique Romero
Copyright de esta edición:
© 2000, Celeste Ediciones
Fernando VI, 8, 1.º 28004 Madrid
Tel.: 91 310 05 99. Fax: 91 310 04 59
E-mail: celeste@fedecali.es
Diseño de cubierta: Lourdes Barbal
Foto de cubierta: extraída del LP My *Ghetto,* de la Orquesta de Kent Gómez

ISBN: 84-8211-263-5
Depósito legal: M-20.982-2000

Impreso en España - Printed in Spain

Hacha y Machete

Compositor: Enildo Padrón
Intérprete: Héctor Lavoe

Seguro, firme y decidido,
buscando una mejor sonoridad
Agrupamos el sabor con el ritmo,
dándole vida a este conjunto musical.

Unidos en una sola pieza,
modernos los rumberos,
nos vamos a tocar.

Rechazando a aquel que nos combata,
y respetando a quien nos sepa respetar.

Pa'lante, alta la frente,
de frente vamos a demostrar,
que lo nuestro no fue un golpe de suerte,
somos hacha y machete,
y ésta es la verdad.

CORO:
¡Fuerte, fuerte! ¡Hacha y machete!

ÍNDICE

Salsa Na'ma

Todo no vale nada,
si el resto vale menos.

León de Greiff

Este libro pretende contribuir a definir, de forma clara y rotunda, el significado y las características de la música conocida como salsa. En consecuencia, sólo trata de salsa y nada más, o, para decirlo en lenguaje salsero, *salsa na'ma*.

Salsa na'ma porque sólo trata de salsa y no de música cubana u otros ritmos del Caribe que, hoy por hoy, se confunden con la salsa.

Salsa na'ma porque nos referimos a la salsa de verdad y no a los subproductos bailables tropicales que se han puesto de moda bajo dicha etiqueta.

Salsa na'ma porque "¡Salsa na'ma!" fue una expresión musical que sirvió de grito de guerra, en los años sesenta, para defender la cultura y el orgullo latinos.

Salsa na'ma porque aquí hablamos exclusivamente de los aspectos propios más destacados, y de los músicos y orquestas más representativos de la expresión.

Son éstas las premisas que alimentan este trabajo donde, además de informar y explicar el fenómeno, quisiera ajustar cuentas con los impostores y orientar al melómano rumbero con el respeto que se merece, el mismo que, a su vez, merece dicha música, como toda música popular hecha con rabia, ternura y orgullo.

Este libro no pretende ser erudito ni periodístico, sino un alegato personal, producto de una militancia rumbera que me ha llevado a estar al borde mismo del abismo, pues ha sido mi pasión más intensa y extensa, la más real y, por tanto, la que mayores efectos secundarios me ha producido. Como saben los que saben, no se puede ejercer una gran pasión sin visitar, de vez en cuando, el cielo y el infierno. De todas formas, confío que en estas páginas haya algo más que *pathos* personal, una onomatopeya, al menos, que inquiete al lector y lo induzca a escuchar alguno de los temas musicales que han servido de ejemplo a mi alegato.

Este modesto tratado, quiero dedicárselo a dos personas tan desconcertantes como insólitas e indudables: Isabel González e Ignasi Morató. Ella que, por dármelo todo sin malicia, terminó siendo la víctima inmerecida de mi rumba; él, un arquitecto que no entiende de *proyectos* ni de *planos* en los *terrenos* de la amistad. A ellos dos quiero ofrendar este libro, con todos sus aciertos y todas sus carencias, las del libro quiero decir. Les guste o no, la sintaxis de su amistad está presente en todas estas páginas.

La aspereza verbal y vital de los salseros no es incompatible con la gratitud y, en este voluntario trance, quiero ser implacable con los dos culpables de la cocción de este libro: Emilio Pere, de Better Music, y Alberto Manzano, director de Géneros de Etiqueta, esta colección. Emilio me ha permitido realizar a mi antojo las antologías sonoras más apasionantes y atrevidas de la música latina en la serie Música del Sol; Alberto me indujo a escribirlo y, aunque podría rechazármelo por mi incumplimiento en las fechas de entrega o por el contenido del mismo, aquí está. Gracias por tu paciencia, hermano, pero recuerda que tu escritor es un salsero y, como bien lo justificó cantando mi querido Héctor Lavoe en "El rey de la puntualidad": "Yo no llego tarde, ustedes llegan muy temprano."

Por último, quiero decirle algo al desconocido lector que haya comprado o afanado este libro: Si tienes los oídos limpios, el cerebro engrasado, las caderas finas y el paso bravo, si te gusta la llamada profunda del tambor sobre el asfalto, si no le temes al verbo frontal dirigido al amor, a la violencia, a la injusticia, al poder, a la familia, a la tradición, a los amigos y a los enemigos, entonces, además de lector, podrías llegar a ser mi cómplice. ¡Adentro, mulato!

Enrique Romero "El Molestoso"
Barcelona, febrero de 2000

¡ABRAN PASO!

Mi rumba es buena, señores,
se la voy a demostrar.
Y todo lo que yo quiero
es que me la dejen cantar.

Ismael Miranda

Un fantasma recorre Europa, el fantasma de la Salsa. Después de treinta años de adoptada en el nuevo continente, la palabra *salsa* causa furor en el viejo, pero, desgraciadamente, dicho furor ha surgido y crecido impregnado de equívocos muy nefastos para esta expresión musical tan sabrosa y contundente del Caribe urbano. Las causas de esta situación son diversas, pero entre ellas podemos destacar, independientemente de la ignorancia del público, la falta deliberada de escrúpulos por parte de algunas compañías discográficas, de ciertos *managers* e, incluso, de muchos músicos. Todos ellos han aprovechado el furor para vender como salsa otros productos bailables caribeños que muy poco tienen que ver con dicha expresión. Hay quienes, en un arrebato de honradez, han reconocido que, efectivamente, su producto no es salsa en el sentido estricto, pero se amparan en la amplitud y ambigüedad del término para vender gato por liebre bajo dicha etiqueta.

En este jueguito han caído, o se han alquilado, algunos críticos musicales, convirtiendo la expresión simple y llana de *salsa* en las compuestas de *salsa monga*, *salsa cama*, *salsa erótica*, etc., pasando por alto que no sólo es el tema lo que define a la expresión, sino también, y sobre todo, la forma de tratarlo o, para decirlo en términos salseros, la forma de atacarlo. La salsa tiene en su repertorio temas eróticos, mafiosos, raciales, gastronómicos, religiosos, etc., pero a nadie se le ha ocurrido nunca llamarla *salsa cocina*, *salsa raza* o *salsa cárcel*. Ahora bien, si tuviéramos que acuñar una palabra compuesta para referirnos a lo que hoy se vende como salsa, la palabra idonea sería *monosalsa* (por monótona, monotemática, monorrítmica y, por qué no, monogámica) o, para ser más actuales, *salsa transgénica*.

Dentro de esta enorme confusión se graban, se venden y se bailan una serie de ritmos tropicales que sólo tienen en común con la salsa el uso de la percusión. El uso, no la forma de tocarla. Éste es el caso de ritmos caribeños como el merengue, la cumbia y el vallenato; ritmos afroamericanos como el *rap*; géneros como el *pop* latino y, por último, el *pop* cubano actual. Sin entrar, de momento, a valorar musical y culturalmente estos ritmos, pero llamándolos por su nombre, hay que insistir en que tienen muy poco que ver con la salsa.

La salsa, en sentido estricto, de la que trata este alegato, nace durante los años sesenta en Nueva York, concretamente en el Spanish Harlem, más conocido como El Barrio, y no es un género músical definido como el son, la plena o la cumbia, sino un movimiento socio-cultural urbano, sintetizado en una expresión musical, creada y desarrollada por los emigrantes del Caribe y algunos músicos norteamericanos identificados con el *pathos* latino y seducidos por los ritmos de Cuba y Puerto Rico. La salsa basa su patrón rítmico en la guaracha cubana, pero arreglada con influencias del *jazz*, el *rhythm & blues (R&B)*, el *soul* y el *rock'n' roll*. En el apartado instrumental, la salsa redefine el papel de instrumentos como el trombón, el clarinete, el vibráfono y la percusión menor, para acentuar el carácter urbano de la expresión, para vehicular la rabia de la calle, la marginación de los latinos y la permanente fajazón con los elementos a la que están abocados para garantizar la supervivencia. El sonido de la salsa es seco, estridente, cortante, frontal y sin concesiones al bailador o al oyente. Los arreglos son ásperos, variados e ilimitados. Por último, la salsa se caracteriza en sus letras (lírica o gramática) por su amplitud temática: le canta al barrio y a la mujer, a los abuelos y a la gastronomía, a la tristeza y a la alegría, al delincuente y a los celos, al tambor y a las putas, a la injusticia social y a los dioses africanos. Y lo hace con un verbo duro, lumpen (caló) y directo, sin edulcorantes, pero también tierno y amable. En esto, la salsa comparte estatus con otra gran expresión musical urbana: el tango. Como éste, la salsa es una música viril, pendenciera, melancólica y orgullosa. El tango se expresa en lunfardo y la salsa en caló, dos formas cerradas y urbanas del habla.

Ninguno de los rasgos descritos hasta aquí existen en los productos que hoy, y desde hace más de una década, se venden como salsa. Y por culpa de esta situación, nos encontramos con dos tipos de público: los adictos y los detractores, pero ambos igualmente confundidos sin

Rumba en un barracón de esclavos. Grabado del siglo XIX, Cuba.
Así empezó el guaguancó.

saberlo. Los primeros, por creer que la salsa es eso que están consumiendo, los segundos, de oído más fino, por creer a pies juntillas que ese sonido que abominan es la salsa. Para unos y otros, está pensado este trabajo, con la intención de dilucidar algunos rasgos históricos, sociológicos, líricos, biográficos y discográficos de la salsa auténtica, la salsa brava, la salsa de marca. ¡Abran paso!

El Caribe es una rumba

La música caribeña es, de momento, una de las contribuciones más importantes que ha hecho el Caribe a la humanidad. Más allá de su hábitat natural, el son cubano, el *reggae* y el *calypso*, por mencionar sólo tres géneros musicales caribeños, han ejercido una gran influencia en la música del mundo, a lo largo y ancho del siglo XX, y han puesto a gozar a millones de personas en todo el planeta. Otros géneros no caribeños como el tango y el samba, de profunda raíz negra, estructura polirrítmica y carácter urbano, también han contribuido lo suyo, pero en este libro, cuando se habla de música caribeña, nos referimos a la tradición musical y ritmos de Cuba, Puerto Rico, República Dominicana y las zonas costeñas de Colombia, Panamá y Venezuela, bañadas por el mar Caribe. Éstos son, de forma estricta y restringida, los países y las zonas que le han dado contenido a esa suerte de denominación de origen conocida en el mundo como "música caribeña". Una denominación que abarca el son, el mambo, el chachachá, el bolero, el merengue, la plena, la bomba, la gaita, el tamborito, la cumbia y el vallenato como los géneros más destacados, entre más de cien ritmos caribeños, que, como veremos más adelante, sirvieron de columna vertebral a la salsa en sus orígenes, allá por los años sesenta, en la gran urbe latino-caribeña llamada Nueva York.

Pero antes de adentrarnos en el fenómeno de la salsa, es de capital importancia anotar algunos rasgos de la cultura musical del Caribe, pues en ellos está la clave del fenómeno y, para entendernos, debemos remitirnos a la hora misma del descubrimiento de América.

Ya en las primeras crónicas de Indias, los conquistadores informaron puntualmente al Papa y a los Reyes de que los nativos del Nuevo Mundo, del Caribe, tenían por costumbre reunirse a cantar, bailar, beber, fumar y comer durante horas y horas. Una de estas rumbas era

14

conocida como areíto entre los indios taínos que poblaban algunas zonas de centroamerica. Según la descripción del antropólogo cubano Fernando Ortiz: "Los areítos eran la compleja forma que tomaba entre los indios el fenómeno social que hoy decimos 'fiesta', la cual era entre ellos una institución de gran importancia. No solamente como goce de un excitante placer colectivo que enfocaba los anhelos y energías del grupo humano durante el tiempo de la espera y de la realización. Era una ocasión de establecer y estrechar relaciones no sólo entre los miembros indígenas de la misma tribu, sino entre los alienígenas o de tribus vecinas; y asimismo, entre las autoridades y los gobernados. El areíto era también una importante función social de sentido económico. Ante todo, porque era la manera de formalizar el concierto de las fuerzas individuales para una empresa de trabajo colectivo, como la tumba de monte, la siembra, la fabricación de una casa, de un templo, de un batey, de un pueblo o de una gran canoa, la realización de una gran ceremonia sacromágica que asegurase las cosechas o las lluvias y ahuyentase los desastres como el huracán, etc." [*]

Aunque los rastros del areíto se pierden en la noche de la conquista, aquí nos sirve su referencia para informar acerca del talante fiestero que ya tenían los habitantes del Caribe y, más importante aún que dicho talante es su permeabilidad social, su disponibilidad hacia lo extranjero y su generosidad, un rasgo muy importante a tener en cuenta en el posterior desarrollo musical, pues una constante en la historia de la música caribeña hasta nuestros días es su asombrosa capacidad de asimilación, mezcla y adaptación de los ritmos de otras culturas que, en el caso específico de la salsa, resulta exponencial. Algo de este talante se le olvidó extirpar a los conquistadores, pues desde entonces y hasta nuestros días la rumba sigue presente en el ADN de todos los caribeños y, en general, de todos los latinos.

Los conquistadores llegaron y arrollaron, pero una vez superados los primeros fragores de la lucha y el sometimiento colonialista, de la polvareda empezaron a surgir las afinidades y necesidades musicales de los vencidos para tratar de atenuar las extenuantes jornadas laborales, para rendir tributo a los dioses o, sencillamente, para tratar de mitigar tanta desgracia junta. Y si no te gusta como te lo estoy diciendo, escu-

---

[*] *Africanía de la música folklórica de Cuba*, pág. 45. Ed. Universidad Central de las Villas, Cuba, 1965.

cha cómo te lo canta Héctor Casanova: "No creas que porque canto es que me he vuelto loco, yo canto porque el que canta dice mucho y sufre poco." También mi querido Héctor Lavoe confirma lo dicho en este párrafo: "Cantando olvido mis penas y también los sinsabores."

Aquí empiezan a fraguarse, en medio de la humillación y el expolio, mediatizados por el dolor y la esperanza, los ritmos y géneros músicales que hoy en día se conocen como música caribeña. Una música mestiza, mezcla de razas y razones, pero sobre todo mulata. Un chiste, más o menos difundido, se burla de las nulas aportaciones que España ha hecho a la humanidad y refiere, entre otros fracasos, que los españoles quisieron inventar el sombrero y les salió la boina, que quisieron inventar el zapato y sólo les salió la alpargata, pero en cambio les salió, sin proponérselo, un invento sabroso y definitivo para la alegría de toda la humanidad: el mulato.

En el mulato o, mejor aún, en el mulataje, se sintetizan los dos componentes básicos de la música caribeña: la melodía y la armonía de la tradición musical europea, principalmente la española, italiana, francesa e inglesa, y la polirritmia africana con su sentido del canto y el baile, aportada por los cerca de cincuenta millones de esclavos arrancados del África y transplantados al Nuevo Mundo.

Pero, además de estos componentes básicos, hay otro no menos importante y definitivo: la religión. Por una parte, el monoteísmo y santoral católico, con sus liturgias y cánticos y, por otra, el politeísmo africano con sus toques de tambor, sus danzas y su alegre cosmogonía. En certeras palabras del musicólogo César Pagano, la religión africana es "la única religión que se baila". En esto coincidimos con otro gran politeísta, el psicólogo alemán F. Nietzsche, quien escribió: "Yo sólo podría creer en un Dios que fuera bailarín".

Sin detenernos en las truculencias de la conquista y, menos aún, en las atrocidades inherentes a la evangelización de indios y negros en el Caribe, es importante señalar que, con sus cánticos e instrumentos, la religión católica posibilitó cierto desarrollo musical en los nuevos y obligados fieles quienes, además de acceder a las técnicas vocales y a los secretos de la escala musical, introdujeron de forma sutil, natural e inevitable, su propia sensibilidad musical y religiosa. Al mismo tiempo, la población negra y mulata alternaba convenientemente la misa católica con el *bembé yoruba*, *bantú* o *arará*, es decir, las fiestas religiosas africanas donde, a su vez, empezaron a mezclarse de forma sutil, natural e inevitable, los elementos de la cosmogonía europea.

A todo este proceso de adaptación, mezcla y lucha, de confrontación íntima de las dos visiones del mundo, se le ha llamado transculturación y, aunque sus consecuencias se reflejan en todos los ámbitos socio-culturales del Caribe, es en la música donde tiene sus resultados más complejos, admirables y perdurables. Un texto irónico, denso y hermoso del escritor argentino Jorge Luis Borges, nos resume en un parrafo los cuatrocientos años que duró esta transculturación y algunas de sus curiosas consecuencias. Se trata, cómo no, de su *Historia universal de la infamia,* donde nos refiere: "En 1517 el P. Bartolomé de las Casas tuvo mucha lástima de los indios que se extenuaban en los laboriosos infiernos de las minas de oro antillanas, y propuso al emperador Carlos V la importación de negros, que se extenuaran en los laboriosos infiernos de las minas de oro antillanas. A esa curiosa variación de un filántropo debemos infinitos hechos: Los *Blues* de Handy, el éxito logrado en París por el pintor doctor oriental D. Pedro Figari, la buena prosa cimarrona del también oriental D. Vicente Rossi, el tamaño mitológico de Abraham Lincoln, los quinientos mil muertos de la Guerra de Secesión, los mil trescientos millones gastados en pensiones militares, la estatua del imaginario Falucho, la admisión del verbo *linchar* en la decimotercera edición del *Diccionario de la Academia,* el impetuoso *film Aleluya,* la fornida carga a la bayoneta llevada por Soler al frente de sus *Pardos y Morenos* en el Cerrito, la gracia de la señorita de Tal, el moreno que asesinó Martín Fierro, la deplorable rumba *El Manisero,* el napoleonismo arrestado y encalabozado de Toussaint Louverture, la cruz y la serpiente en Haití, la sangre de las cabras degolladas por el machete del *papaloi,* la habanera madre del tango, el *candombe.*" *

Para reiterar o actualizar los inescrutables senderos de nuestra historia musical, podríamos ampliar la descripción borgiana, y digo ampliarla, no completarla, con *La Chica de Ipanema,* el *Caballo Viejo, La Gota Fría* y la epopeya de Bob Marley.

Por otra parte, no sabemos si por culpa de la teoría del perdón predicada por Cristo o por qué, pero, a pesar de la sangre, la humillación y el dolor que subyace en la historia de la música caribeña, su rasgo más llamativo y seductor es la desbordada alegría que derrocha la gran

---

* *Obras completas 1923-1972,* pág. 295. Emecé Editores, Buenos Aires, Argentina, 1974.

mayoría de sus ritmos. Este fenómeno lo trataremos más adelante como *El dolor que se baila*, pero de momento, permítaseme constatar que dicha alegría es lo primero que detectan quienes se acercan a la música del Caribe y, por regla general, lo primero que los seduce. Y no es para menos, pues la generosidad del mulataje caribeño es tan insultante que resulta irresistible. Uno de los poemas más hermosos escritos a la raza negra del Caribe, la composición *Las caras lindas*, del *boricua Tite* Curet Alonso, cantada por Ismael Rivera, dice: "...somos betún amable de clara poesía./ ...somos la melaza que ríe, la melaza que llora, y en cada beso bien conmovedora y cautivadora."

El propio *Tite* Curet, refiriéndose a la música caribeña, sostiene que los conquistadores ya traían en su música elementos africanos, pues no debemos olvidar los ocho siglos de dominio árabe en Andalucía: "Los moros llevaron un tipo de música que fue la que España trajo para acá. Existe entonces el encuentro grande, cuando los esclavos africanos se encuentran con los españoles que, en otras generaciones, habían conocido por allá. Es como decir 'Hola, cuánto tiempo hacía que no te veía, ahora que estamos acá vamos a hacer unas musiquitas', y entonces el encuentro ese que hubo entre África y España otra vez ¡aquí!, creó cosas como el bolero y todo eso. Hay rumba flamenca y rumba de acá, que se formó aquí en el encuentro entre África y España. Yo digo: la palabra del blanco, con el ritmo del negro, ya le llaman así: *guaguancó*, porque es la palabra de España y el ritmo de África que se encuentran aquí por segunda vez en la vida". [*]

Esta atinada observación de *Tite* Curet resulta decisiva para comprender la complejidad de la transculturación ocurrida en el Caribe, para entender, entre otras cosas, por qué a un senegalés, a un marroquí, a un gitano y a un andaluz les resulta tan familiar la música caribeña. Resulta que no es sólo cuestión de buen gusto sino, también, ¡de ADN! Así las cosas, que nos lleven a todos presos, porque aquí hay más de un culpable. En este maravilloso y sabroso delito, hay autores materiales, intelectuales, inductores y varios millones de cómplices.

En medio de todo este follaje, los instrumentos musicales también tienen su propia y curiosa historia en el devenir de la musica del Caribe. Desde las cajas de bacalao hasta el trombón, pasando por la

---

[*] Entrevistado por Abili Roma. Revista *El Manisero* nº5, pág. 28 Barcelona, España, 1995.

El Sexteto Habanero, fundado en 1919 en la Habana. Una agrupación pionera y legendaria del son, *lo más sublime para el alma divertir*.

campana y el bombardino, los instrumentos no sólo han desempeñado un papel músical sino también socio-político.

En las primerísimas rumbas de los esclavos, al toque de tambor y al canto se añadió un nuevo instrumento, las cajas en que venía embalado el bacalao que era el principal alimento suministrado por los esclavistas. Estas cajas de madera se tocaban con unos palitos o baquetas para enriquecer la polirritmia, sin importar que tal *instrumento* fuera símbolo de la humillación. Otro artilugio esclavista, la campana, que con sus diferentes golpes constituía un complejo lenguaje de comunicación entre el mayoral y los trabajadores, se vinculó a la música, en la sección de percusión menor, para acentuar el mambo de los temas. Su desarrollo posterior ha sido espectacular y, en la actualidad, la campana se ha diversificado en varios modelos y funciones en la música de todo el mundo. El bombardino, por su parte, fue un instrumento europeo que, cuando cayó en manos de los músicos negros y/o criollos, sirvió para infiltrar el sonido del tambor en las danzas, gracias a su sonido seco, pues era impensable la presencia de un tambor en los bailes de los blancos. Con el bombardino se camufló el ritmo percutivo del tambor. Por último está el trombón que, en el caso de la salsa, ha desempeñado un papel preponderante y estelar, pues su sonido ronco e hiriente ha servido para reafirmar la rabia y la dura realidad de la calle, pero esta vez sin camuflajes de ningún tipo. Tanto es así que muchas composiciones clásicas de la salsa se inician con uno, dos o tres trombones. Si, como se dice, "sin clave y bongó no hay son", también podemos afirmar que sin campana y trombón no hay salsa.

Ésta es, a grandes rasgos, la génesis de la música caribeña, un viaje sonoro que se inició en el *areíto* y ha llegado, en nuestros días, hasta el horrendo *bakalao* caribeño y el patético *pop* latino, dos tendencias nefastas, pero también con sello caribeño, ¡qué le vamos a hacer! Afortunadamente, la difusión y aceptación de estos entretenimientos para sordos no ha impedido que la buena música caribeña siga desarrollándose sin complejos de identidad, con orgullo y generosidad, en medio de invasiones militares y golpes de estado, superando ciclones y terremotos, esquivando malarias, llorando y riendo, mordiendo palabras y escupiendo al suelo, desgastando el asfalto y sacándole punta a las esquinas, escuchando las notas y los silencios con las dos orejas y gozando hasta el alba con los dos pies (o cuatro, cuando estás acompañado de una hembra de buen paso).

En definitiva, el Caribe ha estado y está *siempre de rumba*, porque la rumba, además de ser el nombre genérico de varios ritmos de Cuba y el Caribe, es también la palabra mágica que sintetiza la *gozadera* latina. La rumba es la fiesta total, donde se bebe, se baila, se ama, se come y, en primera y última instancia, se celebra la existencia, porque, como lo dice Roberto Roena y su Apollo Sound: "Lo que me vayan a dar, que me lo den en vida", sin olvidar que "después de muerto, no se puede gozar" (Gran Combo de Puerto Rico).

El Caribe no ha participado en la carrera espacial, tampoco en el desarrollo científico y tecnológico, pero, con su rumba y su música, ha contribuido a contrarrestar el estrés y la artrosis que le ha sobrevenido a la humanidad como consecuencia del desenfreno capitalista. París era una fiesta, pero el Caribe es una rumba. Por tanto, siempre nos quedará La Habana, San Juan, Caracas, Puerto Plata, Colón, Barranquilla, Matanzas o Nueva York. ¡Pura candela!

El menú de la salsa

Algunos músicos y musicólogos refractarios han dicho que la salsa no existe, que salsa es la que se le pone a los espaguetis y al arroz. En esta frivolidad son especialistas ciertos músicos cubanos, pero también algunos latinos que, en su momento, vivieron y aún viven de la salsa. No vamos a coger lucha con esta aburrida discusión y, aceptando que la salsa es un aliño, vamos a tratar de entendernos en jerga gastronómica, pues la frugal y suculenta historia que hemos descrito en el capítulo anterior es, en dicha jerga, *el menú de la salsa*, la gran olla caribeña donde han bullido todos los platos, las sopas y los secos de la rumba. Platos con nombres propios, con *chefs* supremos y *gourmets* de paladar exigente. Platos con denominación de origen que, antes de servirse en la mesa de la gran comilona, es decir, en Nueva York, fueron degustados con sus nombres de pila, nombres propios que no han perdido su denominación ni su origen, pero que, en la hora de la salsa, fueron aliñados de forma particular y nueva. Esos platos fueron y son el menú de la salsa, y nunca una palabra fue tan precisa en el Caribe. Si aceptamos que la música ha sido nuestro principal alimento, para utilizar una salsa, hace falta, primero, que existan los platos del menú. Y de este menú vamos a hablar aquí, aunque sea de forma somera, pues fueron los patrones rítmicos de estos platos los que le sirvieron de columna vertebral a la salsa*.

El Caribe está lleno de *gourmets*, pero los *chefs* son cubanos ¡y qué *chefs*, caballeros! Cuba se ha empeñado en abastecer de caña a toda la humanidad, cuando lo que realmente podría hacer, y con creces, es abastecer de música a toda la tierra. De Cuba es el guaguancó, el son, la guaracha, el danzón, el bolero, el chachachá, el mambo y la pachanga. ¡Vaya menú!

Estos ritmos cubanos empezaron a definirse desde finales del siglo XIX, y se fueron desarrollando de forma prolífica hasta 1959, año en que Eduardo Davison crea la pachanga, el último gran ritmo de la isla que, tras la revolución, emigró a Nueva York y, junto al *boogaloo*, le dio el empuje definitivo a la naciente salsa.

Los ritmos cubanos no sólo fueron la fuente principal de la salsa, sino que han ejercido la supremacía rítmica en el Caribe, en América Latina y, hoy más que nunca, en toda la música del mundo. Desde George Gershwin hasta Ry Cooder, pasando por Cole Porter, Dizzy Gillespie y Stravinsky, la música cubana siempre ha sido una referencia obligada para cualquier músico vanguardista. Si Bach, el músico más moderno de la historia, hubiera conocido la clave cubana, en vez dedicarse al contrapunto se habría dedicado al guaguancó. ¿Se imaginan ustedes una *La pasión según Santa Bárbara* o *La cantata de Matanzas*? Esta especulación no es tan descabellada como parece, pues en *El arte de la fuga*, Bach establece una estructura musical y *cantabile* muy parecida a la estructura de la salsa: exposición del tema, coro, y episodio (montuno). El gran pianista *boricua* Richie Ray debió de pensar algo parecido cuando compuso su célebre tema salsero "Mi amigo Sebastián", un homenaje al genial compositor alemán, pero también un alarde de genialidad caribeña y salsera.

La supremacía de la música cubana es tan aplastante que hasta el propio Julio Iglesias ha confesado su *amor* hacia ella. Después de todo, si se atrevió con el tango, por qué no un disco de guaracha y son montuno. Changó: ¡Desenfunda tu hacha!

Al guaguancó se le reconoce cubano, pero también se ha desarrollado en Puerto Rico y en los asentamientos negros de Panamá,

---

* Sobre estos ritmos, su historia y su estructura musical, se han escrito diversas obras técnicas y eruditas, algunas de las cuales reseñamos en la "Bibliografía" de este libro.

Noche de verano en Harlem (1936). Obra del pintor Palmer C. Hayden. Ya lo advirtió Arsenio Rodríguez en uno de sus temas: ¡Cómo se goza en El Barrio!

Colombia y Venezuela. De aquí que en estos países la música cubana se considere como propia y prima hermana del tamborito panameño, de la cumbia colombiana, de la plena y la bomba puertorriqueñas, y de la gaita venezolana. Todos ellos son ritmos con su patrón definido, pero entroncados en la gran tradición del tambor y el mulataje afro-caribeño. El vallenato colombiano, puesto de moda internacional-mente por el señorito Carlos Vives, también es un ritmo negroide con-creto, pero su participación en el menú salsero ha sido mínima, por no decir nula.

La República Dominicana, por su parte, ha participado en la salsa más con sus músicos que con sus ritmos, pues el merengue y la bacha-ta nunca han servido de base para números salseros y, cuando algún salsero ha hecho merengue, lo ha hecho sin alterar en nada su estruc-tura musical. Muy al contrario, la salsa y el merengue siempre han estado fajados y, cuando en los años ochenta aquélla bajó la guardia, el merengue le tomó la delantera y, desde entonces, sigue por encima de la expresión en número de orquestas y adeptos. Incluso músicos desga-nados de Puerto Rico, Colombia y Venezuela han optado por los ino-fensivos caminos del ritmo dominicano.

Además de los ritmos mencionados de Cuba, Puerto Rico, Colombia, Panamá y Venezuela, la salsa también se ha nutrido, aun-que de forma frugal, con samba brasileño, tango y milonga argentinos, candombe uruguayo, ranchera y bolero mexicanos, y calypso trinitario, pero los ritmos cubanos son los que más han abastecido la olla, además de ponerle sentimiento, el pesado sentimiento musical cubano. Éste es un reconocimiento insoslayable para todo salsero que se respete, tal y como lo cantó sin complejos el salsero *boricua* Ismael Miranda: "Para componer un son, se necesita un motivo y un tema constructivo, y también inspiración. Es como hacer un sazón, con todos los ingre-dientes, ahí tienes que ser paciente, sino se te va la mano, y el baila-dor que lo baila no puede gozar, mi hermano, ¡óyelo bien! Cuando ten-gas el motivo, aplícalo con el tema, así con este sistema nunca fallarás mi hermano, ¡ay! luego dale inspiración y sentimiento cubano, ¡óyelo bien!" Aquí habla Miranda de componer un son y darle sentimiento cubano, pero su acento pertenece a la perspectiva, a la técnica y a la malicia salseras. Eso es la salsa, un *acento* particular y definido que se aplica al guaguancó, al son, al chachachá, al mambo, al bolero, a la cumbia, a la bomba, a la plena y, en definitiva, a cualquier plato bien guisado desde sus orígenes. Si los espaguetis o el arroz están al punto, la salsa les da un sabor particular, un gusto que viene dado por la forma urbana y cosmopolita de aliñar, esa que surgió en el Spanish Harlem (El Barrio) de Nueva York y cuyas características estamos tratando de evidenciar en estas páginas. "No le tengan miedo a la jara que si yo digo algo es fresco." (Héctor Lavoe *dixit*)

Cocinando en Nueva York

De un niño decimos que nació cuando lo parió su madre, pero nos olvidamos con frecuencia de sus meses de gestación, de sus padres y del coito o, mejor aún, los coitos y los orgasmos que lo hicieron posible, por no hablar de la conquista previa, los desvelos, los enfados, infidelidades y otros negocios inherentes y adherentes. Al igual que cualquier niño, la salsa también tuvo su propia gestación y su doloroso parto. Ya hemos anotado algunas noticias referentes a su árbol genealógico, los ritmos caribeños tal y como han quedado reseñados en el menú, así pues, ocupémonos ahora de sus padres, los orgasmos, las infidelidades, el parto y el bautizo de la criatura.

En los años veinte, todavía no se había inventado el mambo, pero Estados Unidos ya era "el rey del mambo", es decir, la potencia mundial que creaba o se apropiaba del avance tecnológico, científico y cultural. Era el país que prometía el paraíso, el sueño americano, y allí era hacia donde miraban todos los terrícolas con afán y necesidad de superación.

El fonógrafo, la radio y el cinematógrafo ya eran una cuestión (léase monopolio) del imperialismo yanqui, destino inevitable de los músicos, que si no iban por su propio pie eran llevados en barco por los A&R * de las nacientes multinacionales del disco. Así empezó el ir y venir de músicos cubanos a Nueva York, pero también el de otros muchos cubanos y puertorriqueños, no músicos, en busca del paraíso. Pero mientras los cubanos eran mayormente músicos, los *boricuas*, además de *ciudadanos americanos* de tercera, eran, en su gran mayoría, emigrantes económicos, como los chinos y los italianos, pero más numerosos. Los *boricuas* fueron, hasta hace muy poco tiempo, la

---

* A&R son las siglas con que se conoce a los responsables de "Artistas y Repertorio" en las compañías discográficas.

mayor comunidad latina de Nueva York; ahora ese puesto lo ocupan los dominicanos.

Este proceso migratorio y musical tiene un primer período que va desde 1920 hasta 1950. En estos años se implantan en Nueva York, entre muchos otros músicos, los cubanos Antonio Machín, Frank "Machito" Grillo, Mario Bauza, Arsenio Rodríguez, Chano Pozo, Arturo Chico O'Farril; los *boricuas* Pedro Flores, Daniel Santos, Tito Rodríguez, Noro Morales, y los catalanes Xavier Cugat y Enric Madriguera. Estos músicos pusieron a gozar con la *rumba* a irlandeses, italianos y judíos, gente bien que se vestía con sus mejores galas para ir a bailar a los grandes clubes y hoteles de La Gran Manzana. La *rumba* fue el nombre, equivocado en la forma, no en el sentimiento, que le dieron a la conga y a la guaracha cubanas. Y mientras las clases medias americanas *rumbiaban*, los músicos de las dos islas empezaron a flirtear con los *jazzmen* americanos, entre otros con Chick Webb, Charlie Parker, Cab Calloway, Duke Ellington, Dizzy Gillespie, Woody Herman, Artie Shaw y Stan Kenton. Aquí empiezan ya las maravillosas infidelidades y los sublimes orgasmos que fueron preñando a la madre de la salsa. De este primer encuentro entre los ritmos cubanos y el *jazz*, surge el *cubop*, o *jazz* afrocubano. "Manteca", de Chano Pozo-Gillespie, y "Tanga", de Mario Bauza, inauguraron a finales de los años cuarenta uno de los capítulos más sólidos de la música popular contemporánea. Desde entonces, y hasta nuestros días, esta fusión se ha desarrollado y enriquecido de forma espectacular.

Simultáneamente a este apareamiento musical, las esquinas de El Barrio fueron tomadas por las primeras y segundas generaciones de los emigrantes *boricuas*. La marginación socio-económica y la discriminación racial (que aún existen, compadre, ¡no lo olvides!) potenciaban la identidad entre los *hispanos*, a la vez que la rabia contra la discriminación y los valores socio-culturales del Tío Sam. Como consecuencia, los *boricuas* reivindicaron la cultura de sus abuelos, sus costumbres familiares, su gastronomía, su lengua y, sobre todo, su música. A esta reivindicación se aferraron como a un clavo ardiendo, cogieron el tambor, la campana y el trombón y salieron a la calle a cantarle a los blanquitos: "Yo soy del Barrio, mi socio, aquí te lo dejo saber, el hombre que está aquí en algo, ése soy yo." (Markolino Dimond-Ángel Canales). Así, con guapería y orgullo latinos, salieron los *boricuas* a fajarse contra la adversidad, y fueron ellos, y no los cubanos, los que se

Chano Pozo, percusionista y rumbero cubano que, en pocos años, revolucionó el ambiente latino de Nueva York e introdujo en el *jazz* los golpes más profundos del tambor.

Mario Bauza, cuñado de Frank Grillo "Machito" y principal impulsor de la fusión entre los ritmos cubanos y el *jazz*.

liaron a galletazos con la policía, con los italianos y con ¡los negros!, sí, los negros americanos también miraban por encima del hombro a los *boricuas*. La calle estaba durísima, y la película *West Side Story*, que trató de reflejar ese bonche, se quedó tan corta que podríamos afirmar, sin ningún rubor, que es una versión Disney de El Barrio.

Esta generación de hijos de puertorriqueños ya era conocida como *nuyoricans*, una peña de tipos bravos, orgullosos y temerarios en la que hubo más de un del..inc..uen..te (uso esta palabra sin absoluta convicción). A ella pertenecen Joe Cuba, Cheo Feliciano, Ray Barretto, Joey Pastrano, Joe Bataan, Jimmy Sabater, Ángel Canales, Ernie Agosto, Ismael Miranda, Richie Ray, Bobby Cruz, Bobby Rodríguez, Bobby Valentín, Charlie y Eddie Palmieri, Héctor Lavoe, Willie Colón, Raphy Leavitt y una larga lista de *nuyoricans* que, junto a algunos cubanos, colombianos, panameños, venezolanos y músicos americanos seducidos por el destino latino, aliñaron, a golpe de rabia y bongó, la música que hoy se conoce como la *crónica del Caribe urbano*, la salsa.

A principios de los años cincuenta, los *nuyoricans* reivindicaban la herencia cultural de sus mayores, pero no se identificaban plenamente con el mambo y el chachachá que eran, a la sazón, los ritmos latinos en boga. En estos ritmos había tradición y afinque, pero les faltaba la rabia y el verbo que exigía el momento, además de los nuevos golpes musicales que provenían del *rock & roll*, el *rhythm & blues*, el *soul* y el *jazz*.

Pachanga en changa

En ese trance se encontraba la comunidad latina cuando sucedieron dos acontecimientos determinantes: la revolución cubana y la llegada a Nueva York del ritmo pachanga, creado en Cuba hacia 1959 por Eduardo Davison.

La revolución cubana fortaleció los movimientos revolucionarios de América Latina, le dio alas a las reivindicaciones populares de todo el continente y reforzó el sentimiento anti-imperialista contra los yanquis. Evidentemente, los *nuyoricans*, que estaban viviendo en las entrañas del monstruo, no iban a ser ajenos a dicha situación, y algo del nuevo sentimiento revolucionario debió de alentarles, aunque fuera de forma inconsciente, en su manera de estar y, sobre todo, de tocar.

Arsenio Rodríguez, conocido como "El cieguito maravilloso", fue tresero, compositor y director de su conjunto. La música cubana se divide en "antes" y "después" de Arsenio. Sus composiciones están profundamente versionadas en la salsa.

Eduardo Davison (a la tumbadora) inventó la pachanga en 1959 y la llevó a Nueva York.

Joe Cuba en una de las portadas más orgullosas del ritmo latino: *El alma del barrio*.

La pachanga, por su parte, fue adoptada inmediatamente por los músicos *boricuas* y algunos cubanos que veían en El Barrio la nueva gozadera. El mambo entró en decadencia, los clubes de la época dorada (años cuarenta y cincuenta) cerraron o cambiaron de orientación, y los bailes de los hoteles se dedicaron a celebrar efemérides y bodas. La rumba estaba en El Barrio. Las grandes orquestas, tipo *big band*, eran insostenibles, y lo que se imponía eran los combos de pequeño formato, compuestos por entre seis y nueve músicos, pero que tocaran con todos los hierros, es decir, con las urgencias que dictaba el momento histórico que se vivía.

La pachanga original de Davison, como era previsible, sufrió en Nueva York, en El Barrio, las alteraciones rítmicas ineludibles, así que se hizo más rápida y callejera, y pasó a ser interpretada por sextetos y combos. Su herencia del chachachá se diluyó en un nuevo ritmo que, sin embargo, seguía llamandose pachanga, ¡y lo era! Cheo Feliciano no se lo creía, y cuando comprobó que la gente estaba pachanguiada, compuso e interpretó con el sexteto de Joe Cuba el célebre tema que confirmaba: "Yo vine pa ver, ¡eh! yo vine pa mirar. Oye, yo vine pa ver qué es lo que aquí está pasando, que al ritmo de la pachanga la gente ya está gozando." Y queriendo demostrar, con este mismo tema, que la gente no se identificaba con el mambo y el chachachá, Cheo prosigue: "Ya encontré los que decían que no querían bailar, y al sentir la rumba mía, ahora no quieren parar, no." Cuando dice "la rumba mía", se refiere, obviamente, a la pachanga.

Ya le hemos dado el correspondiente crédito al creador de este ritmo, pero, aunque parezca un galimatías, la pachanga es un ritmo neoyorquino, el segundo gran ritmo, después del *cubop*, desarrollado por los latinos en La Gran Manzana. "La pachanga sería el puente entre la vieja guardia y el nuevo sonido de Nueva York. Porque fue en la estructura orquestal de la charanga donde se inició la transformación de la música cubana fuera de la la Isla. La orquestación básica del piano, dos violines, flauta, timbal, tumbadora y güiro, que caracterizaba a la charanga cubana, se modificó con el sonido de los trombones, las trompetas y el saxofón, que entraron en escena como remanente de las *big bands* en decadencia. Eddie Palmieri con 'La Perfecta', y Mon Rivera, cada uno por su lado, habían reforzado la melodía con los trombones, que ahora sonaban 'duro' de principio a fin." * La transfor-

---

* Alejandro Ulloa. *La salsa en Cali*, pág. 395. Centro Editorial Universidad del Valle, Cali, Colombia, 1992.

mación del viejo sonido cubano también vino dada por la incorporación de la guitarra eléctrica (La Playa Sextet), el vibráfono (Joe Cuba Sextet) y el bajo eléctrico (Bobby Valentín), tres instrumentos que, hasta ese momento, habían sido ajenos a la tradición músical caribeña, y fueron agregados a la nueva sonoridad sin complejos y con todos los hierros. La introducción de la guitarra eléctrica, el vibráfono y el bajo eléctrico, homologaba y homogeneizaba a la música latina con el *rock* y el *jazz* o, para decirlo en términos empresariales, la hacían más competitiva y moderna.

La pachanga se convirtió en la locura de la juventud neoyorquina, incluso más allá de El Barrio. Si el son es lo más sublime para el alma divertir, la pachanga es el ritmo más excitante que el cuerpo puede sentir. En el baile del son pesa mucho la cadencia coreográfica de pareja, mientras que en la pachanga, urbana y callejera ella, pesa más el afinque solitario del bailador ¡aunque baile en pareja!, es la soledad compartida entre dos, como el matrimonio. Algo de este rasgo urbano y sórdido se intuye en una pieza que compuso Rubén Blades, en compañía de Jerry Masucci y Louie Ramírez, un tema salsero que, sin ser una pachanga, rinde un sutil homenaje a ésta. Se trata del célebre *Juan Pachanga*: "Son las cinco e la mañana, ya amanece, Juan Pachanga, bien vestido, aparece. Todos en El Barrio están descansando y Juan Pachanga, en silencio, va pensando, que aunque su vida es fiesta y ron, noche y rumba, su plante es falso igual que aquel amor que lo engañó." ¡Ay mi madre! Aquí se evidencia el acento urbano de la salsa, el choque social que la hace específica y que la diferencia de otras expresiones musicales del Caribe.

El propio carácter de la pachanga fue también su extremaunción. Murió con sólo cuatro años de vida, pues estaba enferma de rabia y su ritmo tenía una temperatura superior a la soportable. Afortunadamente en música, cuando se habla de muerte, se alude simplemente a muerte productiva, pues aunque mueran los músicos, ahí quedan sus grabaciones para la historia y el goce.

Joe Quijano fue premonitorio en uno de sus temas: "Ya llegó, ya llegó, el ritmo nacional que siguió al chachachá y le llaman pachanga. Negrita, gózalo ahora, que pronto llega otro ritmo. Negrita, gózalo ahora, y quién sabe si este ritmo durará, y quién sabe si este ritmo durará." ¡Clavao! La pachanga vibró entre 1960 y 1964, pero su golpe ha dejado huellas imborrables en los pachangueros bravos que aún gozan con los discos de Joe Cuba, Johnny Pachecco, Joe Quijano, Tito Rodríguez, Charlie Palmieri, Charlie Fox, La Plata Sextet, La Playa Sextet, Belisario López, Ray Barretto y Lou Pérez, entre otros. La pachanga es a la salsa lo que la milonga al tango. Los salseros bravos son, antes que nada, pachangueros, y los tangueros de nación, antes que nada, son milongueros.

La pachanga de la que hemos hablado hasta aquí no tiene nada que ver, evidentemente, con lo que en España se conoce por pachanga, como sinónimo de música de feria y de mal gusto, aunque..., pensándolo bien, la cosa debe venir de ahí, del inevitable desenfreno que produce la fiesta popular, ese clímax inexplicable que incita a brincar hasta el agotamiento y del que después se arrepienten las almas vergonzantes.

Boogaloo pa'ti, china

Entre pachanguita y pachanguita, de forma inconsciente, como suele ocurrir en todos los hechos históricos, los *nuyoricans* empezaron a producir una música que, aunque hablaba en nombre de la tradición caribeña, tenía inflexiones tanto del inglés como del *rock*, el *R&B* y el *jazz*. Así nace el *boogaloo*, una mezcla indefinida de guajira y *rock & roll*, con la que los latinos se tutearon con todo el mundo. El *boogaloo* es el tercer ritmo creado por los latinos en EEUU antes de que la salsa hiciera su aparición definitiva en la escena musical.

Al igual que la pachanga, el *boogaloo* tuvo una vida breve, se desarrolló entre 1965 y 1969, pero, más importante que su duración es su significación social y musical, tanto para la comunidad latina como para la anglosajona. Las nuevas generaciones de latinos necesitaban un sonido propio porque "hay que dar la batalla a los Beatles y al *soul* negro. Hay que hacer música que hable de los rascacielos y de calles sucias... En Nueva York casi nadie recuerda cómo son las palmeras" [*].

En el *boogaloo* se cantaba en inglés y en español, más o menos como lo hicieron los africanos y mulatos, en la época colonial, al mezclar

---

[*] José Manuel Gómez. *Guía esencial de la salsa*, pág. 49. Editorial La Máscara. Valencia, España, 1995.

lenguas africanas con el español. Así que no me vengan con cuentos pseudo-anti-imperialistas porque, de lo contrario, tendríamos que cantar en *yoruba* o *taíno* y sólo con tambores. El *boogaloo* daba cuenta de las alegrías y miserias de El Barrio en las dos lenguas. De esta manera se enteraban hasta en la China de cómo estaba el bembé, quiero decir, la situación.

Además de la concesión lingüística, el *boogaloo* también transigió con la clave y el ritmo para que las almas blanquitas pudieran bailarlo con libertad de movimientos, como en el *rock* y el *soul*. Esta libertad, sin embargo, fue condicional, pues cuando el *boogaloo* entró en su apogeo y emigró al Caribe, los propios músicos se encargaron de devolverle la contundencia rítmica que al principio le habían cercenado.

El primer antecedente del *boogaloo* data de 1963, unos años antes de su *boom*, con el "Watusi", un tema compuesto por el percusionista Ray Barretto: "Caballero, ahí acaba de entrar Watusi, ese mulato que mide siete pies y pesa ciento sesenta y nueve libras, y cuando ese mulato llega al solar todo el mundo dice: ¡A correr! que ahí llegó Watusi, el hombre más bravo de La Habana."

El "Watusi" constituyó un éxito económico y musical. En lo económico logró vender, por primera vez en la historia de la música latina, más de un millón de copias. En lo musical, además del nuevo sonido y la nueva forma del canto, inauguró la exaltación de la figura del guapo, el camaján que, más tarde, en la salsa, tuvo continuidad en héroes como *Pedro Navaja*, *Juanito Alimaña* y otros muchos anónimos que deambulan por el pentagrama y por las calles. Del tema de Barretto, surgió en el habla de los barrios marginales del Caribe y América Latina una expresión soberbia para invocar la valentía: "No le tenga miedo a Watusi, caballero!", se dice frente a cualquier situación que requiere valor, y no sólo frente al riesgo de que un guapo nos parta la cara. Lo mismo para sacar a bailar a una mami que para hacer frente a la policía.

En 1966 y 1967, el *boogaloo* se confirmó con dos temas memorables: "El pito", de Joe Cuba, y "Micaela", una composición de Tony Pabón interpretada ¡y pegada! por la orquesta del pianista Pete Rodríguez. La eclosión de estos temas se fortalece con otros no menos contundentes de los músicos que estaban en algo. Entre éstos, destacó con creces el trabajo de Richie Ray & Bobby Cruz con sus dos volúmenes de *Jala, Jala y Boogaloo* (1967-68) que pusieron a bailar a toda la juventud de finales de los años sesenta y principios de los setenta. El sonido de

33

Graffitti en Nueva York. La imagen de la estatua de La Libertad con rasgos mulatos y la bandera de Puerto Rico.

Escena cotidiana de El Barrio.

Richie Ray venía henchido de asfalto, urgencias callejeras y respeto por los *orishas* del panteón afro-antillano, al tiempo que exhibía unos arreglos contundentes y modernos; el piano de Richie evocaba desde una fuga de Bach hasta un *tumbao* de Noro Morales, en conexión sublime con el timbal de Mike Collazo, el coro de trompetas, único e insuperable, liderado por Reinaldo Maldonado, hermano de Richie, los golpes de bongó soltados por Manolito González, y la malicia *cantabile* y marginal del cantante Bobby Cruz. ¡Puro sonido bestial!

En sólo tres años, de 1966 a 1969, el *boogaloo* produjo obras legendarias que, treinta años después, se mantienen frescas y *heavies*. A este legado pertenecen temas que fueron un tremendo batazo: Charlie Palmieri con su "Either You Have It Or You Don't" (Hay que estar en algo); Johnny Colón con su "Boogaloo Blues"; El Gran Combo de Puerto Rico con sus *boogaloos* de sabor más criollo "Clap Your Hands" y "Shake It Baby"; Héctor Rivera con su emblemático "At The Party; Joe Bataan y su "Subway Joe"; Larry Harlow con "El exigente"; Bobby Valentín con "Let's Turn On" (Arrebatarnos); y Los Hermanos Lebrón con *"Boogaloo* pa mi San Juan", entre las obras más conocidas.

La mayoría de los músicos que desarrollaron el *boogaloo* fueron los que dieron forma y contenido al nuevo sonido de El Barrio, el movimiento musical que, durante los años setenta y ochenta, se impuso en todos los barrios pobres, y en las casas de algunos ricos, en toda América Latina: la salsa. Otros no sobrevivieron al *boogaloo*, y tampoco supieron adaptarse a la nueva expresión.

Por otra parte, algunos músicos latinos que habían militado en la vieja escuela cubana, se involucraron con el *boogaloo* y, años más tarde, renegaron de él por considerarlo un rítmo americanizado, *light*, comercial e irrespetuoso con el temperamento latino. Sin embargo, ese *boogaloo* del que reniegan es, además de lo que ya hemos anotado, el rítmo latino más apreciado en la actualidad por algunos melómanos, músicos y *discjokeys* (DJ's) de la escena *funky* y *jazzy*. Se vuelven locos y, la verdad, no es para tanto.

Nuestra cosa latina

En los años sesenta, los Beatles y el *rock* causaron furor en las almas blanquitas y en las clases medias y altas de todo el mundo. La revolución cubana se declaró socialista, el Che Guevara se convirtió en el arquetipo del hombre nuevo, el mayo francés nos conminó a ser realistas pidiendo lo imposible, la comunidad negra americana, con Malcom X, el Dr. King y Angela Davis acosaron sin tregua al Tío Sam, la comunidad feminista también reclamó lo suyo y, en América Latina, floreció la lucha guerrillera alentada por la revolución cubana.

Esta agitación social convulsionó la vida política y cultural de todo el continente americano y, sobre todo, puso en entredicho una serie de valores que, hasta ese momento, parecían inamovibles. Los gobiernos y el modo de producción capitalista se consolidaron, apoyados en sus ejércitos represores y en una tutela sin miramientos por parte del imperio yanqui, pero las expresiones de la cultura pasaron a la ofensiva; en la literatura surgió el *boom* latinoamericano del realismo mágico, y en música irrumpió con fuerza el *reggae*, la *bossa nova* y la salsa.

En medio de este panorama, y como consecuencia del desarrollo capitalista, se desata el fenómeno socio-económico más importante de los años sesenta en América Latina: la migración del campo a la ciudad por parte de miles de campesinos que, sin tierra expectativas, tuvieron que invadir las grandes urbes. Este fenómeno dio lugar a profundas contradicciones sociales y generó dos elementos determinantes para el espíritu de la salsa: *la marginación* y el *barrio*. Sin la consideración de estos dos componentes, cualquier aproximación a la salsa resultaría ociosa o, en todo caso, limitada. La salsa ha sido definida como la *Crónica del Caribe urbano* *, y esta definición no es gratuita ni caprichosa: *Crónica* porque cuenta en sus letras cuál es la situación de los latinos en los múltiples aspectos de la vida cotidiana y lo que piensan al respecto; *Caribe* porque el origen de una persona o un pueblo es un rasgo inalienable que, en este caso, está configurado por la historia y los ritmos que ya hemos referido en las páginas precedentes; y, por último, lo más importante, lo más suyo, su carácter *urbano*, porque la sensibilidad y el sonido de la salsa obedecen a dicha condición con todas sus implicaciones sociales, culturales y éticas. La condición urbana viene cargada de contradicciones y elementos que se ven reflejados de forma lírica y sonora en la salsa: la marginación en las grandes ciudades; el hacinamiento; la nostalgia; la delincuencia callejera; la ines-

---

* César Miguel Rondón. *Salsa. Crónica de la música del Caribe urbano*. Editorial Arte. Caracas (Venezuela), 1980.

tabilidad en el trabajo, en el amor y en el lugar de residencia; la lucha individual por la subsistencia y, a la vez, la identidad colectiva, por nacionalidades u orígenes, para defender los intereses del grupo o, simplemente, para contrarrestar el desarraigo; y la percepción del presente como único futuro posible. Estas variables urbanas condicionaron de forma palmaria el sonido de la música en general, no sólo el de la música latina, sino de todas las músicas urbanas, aunque ninguna como la salsa refleja tan ampliamente dichas características y, aunque parezca contradictorio, con su insobornable alegría. En la salsa, todos sus ingredientes rezuman asfalto urbano: sus letras, su sonido, sus hacedores y, cómo no, sus destinatarios, esos tipos sospechosos del barrio que la oyen, la cantan y la bailan, solos o en compañía, de noche o de día, sobrios o empapados en alcohol y otras sustancias o, simplemente, embriagados con las notas ásperas de un trombón.

Esta tensión cultural se refleja en todos los temas salseros, y como ejemplo, veamos lo que ocurre en "Juanito Alimaña", tema compuesto por Willie Colón y Héctor Lavoe: "¡Hum, ni p'allá vo a mirál! La calle es una selva de cemento y de fieras salvajes, cómo no. Ya no hay quien salga loco de contento, dondequiera te espera lo peor, dondequiera te espera lo peor." El tema empieza con el sonido seco de los trombones, los golpes duros del piano y una cáscara de timbal que parece anunciar un allanamiento policial. Héctor Lavoe, con su inimitable acento marginal, inicia el canto con una advertencia ("Hum, ni p'allá vo a miral"), que recomienda no meterse ahí, no mirar para allá. El resto de la historia habla de delincuencia, amor, alcohol, complicidad, miedo, policías y supervivencia, es decir, un hecho cotidiano en las ciudades de cualquier país latinoamericano y que, sin embargo, ¡se baila!

Lo apuntado hasta aquí sobre su carácter urbano, confiere a la salsa cierto acento de tragedia moderna: sus textos narran la épica de la calle de hoy; su andamiaje sonoro armoniza y respalda a los textos con instrumentos como el trombón, cuyo sonido metálico, áspero e hiriente, confirma la dureza de la realidad que se narra; y para completar el cuadro trágico, estos dos elementos se funden en la pista de baile (una discoteca, la calle, la casa o la playa) con los bailadores, es decir, con los destinatarios legítimos de dicha música. La consumación completa de este ciclo (canto, coros, música y danza) produce una catarsis que, seguramente, se asemeja al carácter redentor que los griegos atribuyeron a la tragedia. La salsa es un arte dionisíaco, mediatizado por las variables urbanas que ya hemos anotado. De aquí le viene la fuerza que sumerge a los rumberos en ese éxtasis que llamamos *goce*.

El Barrio, la Esquina

El panorama y el espíritu descritos hasta aquí eran, y son aún, comunes a cualquier país de América Latina, pero en nuestras formaciones sociales, y sobre todo para la salsa, es más importante el concepto de barrio que el de país. Esto lo cantó bien claro Rubén Blades en uno de sus temas: "Para ser rumbero, tienes que tener las llaves del barrio, ...tienes que amar a la esquina." La añoranza, la exaltación o la nostalgia del barrio es una constante en las letras salseras y en la vida de cualquier latinoamericano nacido después de 1950, época en que se empiezan a forjar las grandes urbes, diseñadas de forma espontánea, anárquica y contradictoria, por las intensas migraciones campesinas de las que son hijos los destinatarios de la salsa.

Los barrios del Caribe urbano se convirtieron en el escenario y el símbolo más determinante en la vida de los latinos. El barrio constituye el referente más inmediato e importante de la cosmogonía caribeña y, como tal, impone el pasado, delimita el presente y determina, en gran medida, el futuro de sus habitantes. En el barrio y, más exactamente, en las esquinas, se cuecen los ingredientes que van dando fisonomía personal y colectiva a sus inquilinos. La esquina es el *aleph* del Caribe, el punto de encuentro y, sobre todo, de fuga. En ella se desarrollan los principales instintos, se mata el tiempo, se juega, se canta, se baila y se conspira inútilmente. La esquina es, a los latinos, lo que el ágora fue para los griegos. Cada esquina tiene sus propios inquilinos, seleccionados de forma espontánea por afinidades de edad, gustos, malicia o cercanía geográfica de la vivienda. A la esquina se le empieza a coger cariño desde niños, cuando, camino de la escuela o de regreso a casa, vemos a los adolescentes vacilando todo el día en ese vértice mágico. Y cuando nuestros padres nos dan permiso para ir a la esquina, eso vale más que el día en que nos dan las llaves de casa para volver a la hora que nos dé la gana. A partir de ese momento, todo el mundo sabe dónde encontrarnos, desde nuestra maestra hasta nuestra madre y, obviamente, desde nuestra novia hasta la policía. Cuando la esquina se pone caliente, puede llegar a ser prohibida por las autorida-

Esquina de un barrio en Santo Domingo (República Dominicana). Foto de Juan
Manuel Díaz Burgos

des del orden y, en estado de sitio, más de dos personas no pueden juntarse en una esquina. A propósito de esto, Raulín Rosendo, salsero dominicano que aún en 1999 sigue haciendo salsa brava y cantándole al barrio y a su gente, suelta en su disco *Llegó la ley*: "¡Agua! ¡Agua! Llegó la ley, llegó acabando con todo, con barrio, puntos y esquinas, con to lo que sea ilegal./...Se meten por donde quieran, quieren la ciudad limpiar, cuídate que no te agarre la garra de un federal. Recogiendo... los clavos, que te llevan... ¡pa'dentro!"

El barrio y la esquina han configurado una forma de ser y de estar fundamentales en el decurso vital de todos los latinos; es nuestro hecho ontológico. El tango, que tiene con la salsa profundas afinidades, también le canta con abundancia a la esquina y al barrio. En el tango se suele recordar a la muchachada (los amigos de la esquina) igual que en la salsa. Un tema de Lou Pérez dice: "Barrio, mi querido barrio. Llevo en mi memoria recuerdos de ayer, y del que anhelo recordar de nuevo, para mis nostalgias volver a vivir. Sueño con la vieja escuela, con la muchachada que en ella estudiaba y que hoy se encuentra lejos de nosotros..."

Con lo escrito hasta aquí, creo que podrá entenderse por qué el East Harlem de Nueva York, poblado y pateado por latinos, fue bautizado como El Barrio, pues, además de serlo en toda regla, representa la síntesis desgarrada de cualquier barrio pobre de Panamá, Colombia, Venezuela, Puerto Rico, Cuba o República Dominicana. Y éste es el escenario al que pertenece la salsa. Insisto, una música marcada por la experiencia vital del barrio, llena de alegría y de tristeza, teñida de optimismo y salpicada de tragedia. Música marcada en la suela de los zapatos a causa del baile y de patear la calle en busca de lo que no hay, huyendo de la policía o persiguiendo a una hembra esquiva. Todo lo que late ahí, toda esa alma, toda esa tragedia, son los componentes de esta sonoridad, excitante y brava, que canta-reivindica la vida del barrio, de modo parecido a como el *blues* primitivo le canta a la plantación algodonera o el flamenco al cortijo.

El dolor que se baila

El filósofo rumano Emile Cioran escribió: "Todo lo que no es desgarrador es superfluo, en música por lo menos", y esta observación se cumple en la salsa a rajatabla. A primera vista, o mejor, a primera oída, la salsa es una música alegre, festiva, de ritmo acelerado y placentero que incita al baile y a la diversión. Esto es muy cierto y, seguramente, es su característica más importante, pero sólo es una verdad a medias. La otra mitad la compone la historia que cuenta en medio de su alegre sonoridad. Los textos de la salsa (la crónica del Caribe) narran historias tristes, abandonos amorosos, injusticias sociales, traiciones, imposibilidades, etc. Y aunque hay también textos gozosos, son los otros los que priman con su melancolía, su dolor y su tristeza. Esto se da en los textos, pero se refleja también en los arreglos instrumentales que, incitando a bailar, dan alegría al cuerpo y cierta tristeza al alma, pero una tristeza que se vive con felicidad. A este binomio, aparentemente contradictorio, se le llama sabor y sentimiento, un componente telúrico exclusivo de la salsa. La rabia, el amor y la guapería están presentes en las mejores obras salseras de forma coherente; en los arreglos, en la forma de tocar los instrumentos, en la gramática, en los énfasis, en las improvisaciones y, por supuesto, en los silencios.

Los latinos, cuando vamos de rumba, lo hacemos, principalmente, porque somos un pueblo rumbero, porque nos gusta el baile, el trago y las hembras, pero también para huir del hastío cotidiano producto de nuestra azarosa existencia. Este sentimiento está siempre presente en la salsa, de aquí que una rumba, cuantas más horas dure, mejor. A ningún rumbero le importaría que durara toda la vida porque, a falta de mejores incentivos vitales, quiere vivir el presente a pleno pulmón y con la máxima intensidad. Esto es la salsa, un ritmo excitante que penetra el cuerpo para celebrar una existencia que, pese a las vicisitudes, aconseja: "Vive la vida, mira que se va y no vuelve." (Raphy Leavit. Orquesta La Selecta).

Ésta es una de las grandes diferencias entre la salsa y otros ritmos antillanos que la nutren en su estructura musical. Y es así porque la salsa nació como consecuencia de una realidad urbana brutal y aplastante, donde el latino era un ser de tercera categoría, mal visto, mal pagado, perseguido, humillado e, incluso, enfrentado a comunidades de su mismo rango social, como la negra y la italiana.

El caló salsero

La cosmogonía caribeña y latina, macerada por la realidad que hemos ido desgranando, tiene una traducción inequívoca en las letras de la salsa. Esta gramática es uno de sus ingredientes más excitantes, pues sus composiciones constituyen un universo poético que, con independencia del tema que traten, sintetizan en un mismo texto la rabia, la ternura, el orgullo y la esperanza, mediatizados por un peculiar sentido del humor y la alegría del baile.

Además de la forma global de abordar los diversos temas (amor, nostalgia, juego, rumba, comida, religión, violencia, etc.), que ya de por sí es muy *sui generis*, dichas composiciones suelen estar salpicadas de palabras *extrañas* para la lógica lingüística del castellano. Pero la lógica de la salsa no es la del castellano, sino la de *la calle*, por lo que se hace necesario dilucidar algunos aspectos de este lenguaje para entender mejor la fuerza de su expresión y, en suma, para gozar y vacilar plenamente dicha música.

En cientos de temas salseros abundan palabras como *guapo, men, chévere, jeva, mami, pollo, bemba, bonche, candela, compay, sabor* o *vacilón,* palabras que, para los nativos latinos o caribeños, constituyen una gramática rítmica que desencadena un proceso de identificación inmediato, pues cada palabra y sus intenciones, cuando suenan con música, les recuerdan sus episodios vitales *diarios*. Las consecuencias ineludibles de este hecho estético son el baile y/o el canto donde, gracias a ese poderoso vínculo entre la vida y la música, se produce el goce que hemos denominado *sabor y sentimiento*.

Ya advertimos que la salsa comparte con el tango muchas de sus circunstancias, y una de ellas es el habla cerrada del barrio (caló), un conjunto de palabras vivas y en constante transformación que son el vivo reflejo de la realidad de sus protagonistas. Una dialéctica donde los músicos toman las palabras del argot callejero y, otras veces, las inventan en sus inspiraciones y son adoptadas por la gente. Este rasgo, por otra parte, suele ser común en diversas músicas populares del mundo.

En la salsa, cientos de palabras, e incluso expresiones completas, tienen su origen en la marginalidad, en la ironía, en la complicidad del círculo cerrado y en la irreverencia ante la religión, las leyes o el conservadurismo de los padres. Palabras que, para eludir a quien no interesa que se entere de qué va la cosa, parecen, a primera oída, vacías o carentes de sentido. Pero lo cierto es que aluden al trabajo (el camello), a la policía (la jara), a los vicios ilegales (el fua, el material, mariajuana, la vaina), al amigo (pana, asere, brother), a la comida (la jama, el papeo) y, en el caso específico del sexo (el coco, el fogón, la cocina, etc.), la salsa y el Caribe han desarrollado una poética rayana en el machismo, pero pletórica de ternura, humor y rendición. Un ejemplo sabrosito de esto, cantado por Jimmy Sabater, dice: "Si te encuentras un pollo que su encanto es papiar, dale salchicha con huevo, para ponerlo a gozar./ ...Me dejó con hambre, se le quemó el sartén, y ella me dijo: Papito hay fuego en el 23."

El caló es la obra maestra del lumpen, esos aristócratas de la calle y de la cárcel (la cana, la juiciosa, la universidad). La fuerza de este lenguaje es tan importante que cada nueva palabra o expresión que surge, es adoptada, en cuestión de horas y sin complejos, por la juventud de los barrios pobres y marginales de la gran ciudad. No hace falta ser un maleante para hablar en caló, basta ser pobre para identificarse con dicho lenguaje, toda vez que el lumpen, con su vida temeraria, representa una suerte de héroe, un hombre valiente, que no come cuento, que se rebela contra la *justicia* (¡la injusticia!) y contra el poder. Todo esto constituye un súper-yo que moldea la conducta y, sobre todo, el habla de los estratos populares. Esto es así tanto en el Caribe como en cualquier ciudad del mundo. La única posible diferencia entre el caló caribeño y, digamos, el europeo, es que el primero se reviste de su especial sentido del humor, negro muchas veces (y nunca mejor dicho), y de su propia y sabrosa música. Pero, como bien lo canta Ismael Miranda: "Las esquinas son, son, son, iguales en todos lados."

La influencia del caló, caribeño o europeo, llega incluso a las capas sociales no marginales, a la clase media y a la burguesía, sobre todo a la clase media, la más esnobista y perniciosa de la historia, la más aburrida y peligrosa. Teniendo en cuenta que el caló es producto de la vida intrépida, del vértigo y de la intensidad, no es de extrañar que lo adopten, de forma edulcorada, claro está, las clases sociales más acomodadas para darle algo de sabor a sus insípidas existencias, aunque sólo sea a la hora de hablar en sus dilatadas reuniones de ocio, que no rumbas, pues a tanto no llegan. Sin embargo, cierta minoría de estas clases, sus miembros más *arriesgados*, suelen pasar de las palabras a los hechos y se acercan a husmear en nuestro bembé. Los hay que lo hacen con curiosidad y honradez, y terminan convertidos a nuestra causa de forma irreversible, pero hay también los desaprensivos, aquellos que usufructúan nuestra sonoridad para bailar o conquistar una jevita, porque les da vergüenza ir al gimnasio a practicar el *aerobic* y porque están deshauciados para la conquista en su hábitat natural, la oficina. Estos quejicas suelen decir: "Lástima que el lenguaje de la salsa sea tan bochornoso, esa forma indecente y de cafetín que tienen de cantar." Son así de patéticos, pero siguen ahí, gozando con la clave y el bongó, aunque sin entender muy bien por dónde es que le entra el agua al coco. Para estos últimos es para los que se hace mucha de la "salsa" de hoy, es decir, el *pop* latino, ¡la rendición del barrio!

En el discurso salsero importa más el énfasis que la coherencia o la linealidad de las frases. Aquí está la complicidad entre el músico y el melómano. Juego que se da también en la parte instrumental, cuando el piano o los vientos introducen una frase de un bolero que, aparentemente, no tiene nada que ver con el tema salsero que están ejecutando en ese momento, pero que constituye uno de los momentos más sublimes para el oyente o el bailador. En el tema "Bandolera", cantado por Héctor Lavoe, el pianista suelta frases de cinco boleros en el solo. ¡Qué vacilón!

El caló salsero tiene, además de la polisemia propia de este tipo de lenguajes, cierta antonimia intrínseca en muchas de sus palabras. Esta circunstancia obliga a los aficionados externos, aquellos no iniciados en las artes de la calle, a conocer el hábitat y la idiosincrasia caribeña para saber cuándo una palabra quiere decir lo uno o lo contrario para no ir vendidos. Aquí entra en escena el énfasis, pero sobre todo el matiz, el giro que le da el cantante, ni más ni menos que como ocurre en *la calle*, la Facultad de la Lingüística Superior.

Así pues, ciertas palabras de la salsa no son un glosario estático, sino que constituyen un sistema de comunicación vivo con el que la gente subvierte lo establecido por el poder y sus leyes.

Bajo estas premisas, incluyo al final de este trabajo un Glosario Básico Salsero, no tanto como definición de las palabras seleccionadas sino como guía para la audición de la música o, en el mejor de los casos, como manual de supervivencia en cualquier ciudad del Caribe. ¡Agúzate!

Cambia el paso, busca el ritmo

Durante los años sesenta, los músicos latinos de Nueva York se debatieron entre la pachanga y el *boogaloo*, entre el inglés y el español, entre las orquestas tipo charanga y los pequeños combos o sextetos, entre los ritmos caribeños de raíz y los ritmos anglosajones, pero, a pesar de tal barahúnda musical, el sonido de El Barrio se concretó y se manifestó con claridad, aunque todavía sin nombre, hacia mediados de la década. Ya no era ni *boogaloo*, ni pachanga, ni son montuno, ni *latin jazz*. Era un sonido moderno que impregnaba a todos los músicos y que conectaba de forma espectacular con el público latino. Un público también nuevo; ya no eran los viejos emigrantes caribeños de sombrero, traje y zapatos de dos tonos, sino sus hijos o nietos, que mezclaban la psicodelia con el *kitch* caribeño y la guapería marginal y callejera. Estos jóvenes portaban camisas floreadas sin abotonar para lucir las cadenas de oro, pantalones de bota campana (pierna de elefante), zapatos de plataforma o blancos (los quesos), y sombrero Panamá o gorra de béisbol, el juego de pelota tradicional del Caribe.

Esta masa social, además de juventud, tenía, como ya hemos visto en el apartado anterior, una forma propia de hablar y de bailar. La coreografía caribeña de los viejos ritmos cubanos o boricuas sufrió una significativa alteración. Ya no se trataba de bailar agarrado a tu pareja, en una sintonía cadenciosa y tranquila, sino de azotar el suelo, siguiendo con los pies cada corte y golpe de los instrumentos, acompañando al cantante en el desarrollo del tema y apoyando a los coros como un miembro más de la orquesta. La relación del bailador con la música se hizo incluso más importante que la relación con la pareja de baile. El virtuosismo de los bailadores alcanzó niveles acrobáticos y, en muchos casos, sustituyó las navajas y los puñetazos para demostrar quién era el más bravo.

Estos cuatro elementos, juventud, estética *kitch* caribeña y psicodélica en el vestir, lenguaje marginal y baile altanero, le dieron a la salsa su razón de ser, su ontología, pues, como ya hemos dicho, la salsa no es un ritmo musical concreto, sino un fenómeno antropológico cuyo epicentro está en El Barrio y su hipocentro son los ritmos musicales del Caribe, principalmente los cubanos. Pero, lo más importante y trascendente de la salsa no son los patrones rítmicos que la alimentan sino su significación social en la vida cotidiana de los latinos nacidos después de 1950, aquellos que en 1965, con quince abriles, ya estaban determinados por las circunstancias políticas, económicas y culturales que hemos esbozado a lo largo de este capítulo. Estos factores son los que tienen que considerar los músicos y musicólogos interesados en el fenómeno.

Con su discurso y sonoridad, la salsa logró aglutinar el sentimiento de todos los latinos y, aunque no seamos una raza, Johnny Ortiz lo escribió así para que Larry Harlow lo interpretara con su orquesta: "Representando a las Antillas: a Puerto Rico, Cuba, Aruba y Santo Domingo... Representando a las Américas: a Venezuela, Colombia y Panamá... Representando al África, con sus tambores, ¡viva la conga, viva el timbal! Representando a la raza latina, que en todas las esquinas se escucha este cantar: la salsa representando la raza latina." ("La raza latina").

Salsa, marca registrada

Todo lo que estaba ocurriendo en la escena latina era espontáneo y disperso, como, repito, suele pasar con todos los fenómenos sociales auténticos, no como ahora, que nacen en las mesas de los burócratas. Es la necesidad la que crea al órgano y no al revés. La necesidad era la salsa y el órgano fue la Fania, una compañía discográfica fundada en 1964 por el músico dominicano Johnny Pacheco y el abogado judeo-italiano Jerry Masucci.

Pacheco era un timbalero, flautista y compositor que había pasado por diversas orquestas latinas de la vieja guardia de Nueva York, conocía a los músicos jóvenes, estaba en contacto con El Barrio y, además, tenía un gran olfato comercial y dotes organizativas. Había acudido a los servicios jurídicos de Masucci para que le gestionara su divorcio y, ¡cosas de la vida!, terminó *casándose* con el abogado y, entre los dos, dieron a luz la compañía discográfica Fania Records.

Desde su fundación, Fania empezó a fichar y grabar a los músicos latinos del Barrio, el Bronx y Brooklyn: Willie Colón, Héctor Lavoe, Larry Harlow, Ismael Miranda, Bobby Valentín, Joe Bataan y Ray Barretto, entre otros.

Así las cosas, a principio de los años setenta, la cosa latina tenía todo a su favor para pegar fuerte. Fania entra en contacto con el empresario dominicano Ralph Mercado, a la sazón propietario del Cheetah, un destartalado club de baile ubicado en la calle 52 y la Octava Avenida de Nueva York, y le propone producir en su local un concierto con los músicos de la compañía. Mercado acepta el trato y, el jueves 26 de agosto de 1971, se presenta en el Cheetah la Fania All Stars, la primera gran reunión de los músicos de la salsa. Ahí estuvieron Richie Ray, Bobby Cruz, Willie Colón, Héctor Lavoe, Ray Barretto, Larry

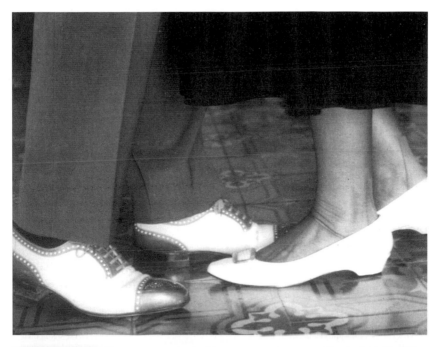

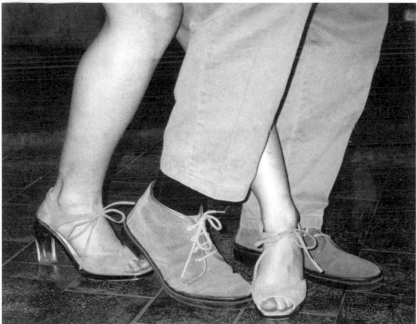

Dos formas del baile caribeño y dos épocas. La elegancia y cadencia de la vieja guardia (arriba), y la anarquía y guapería de la salsa (abajo).

Harlow, Bobby Valentín, Ismael Miranda, Barry Rogers, Larry Spencer, Johnny Pacheco, Yomo Toro, Roberto Roena, Héctor "Bomberito" Zarzuela, Orestes Vilató, Adalberto Santiago, Santitos Colón, Pete "El Conde" Rodríguez, Roberto Rodríguez y Reinaldo Jorge. Varios de estos músicos tenían sus propias orquestas y eran los que mandaban en el gusto del público latino. En consecuencia, verlos y oírlos tocar juntos constituiría una experiencia memorable.

Al Cheetah llegaron los latinos con ganas de gozar, de ver a sus ídolos y de afirmar el orgullo latino en las propias narices del imperio. El local se llenó hasta la bandera y cientos de asistentes no pudieron acceder al concierto.

A esta histórica reunión pertenecen la película *Our Latin Thing (Nuestra cosa)*, así como los dos elepés que recogen la grabación del concierto, y la eclosión del fenómeno salsero.

La película muestra la gran comunión que se estableció entre los músicos y el público asistente al concierto, estando apoyada con imágenes de El Barrio, sin ningún tipo de edulcoración, mostrando a la gente en las calles con sus miserias y sus alegrías. Los dos elepés y la película se oían, se veían y se bailaban una y otra vez en Nueva York, en San Juan, en Cali, en Caracas y en Lima. *Nuestra cosa latina* se daba a conocer con fuerza y esto nos colmaba de orgullo. Sentíamos que teníamos algo propio y único, un nexo de identidad y reivindicación que nos hacía más fuertes frente a las adversidades de nuestra realidad, y que le daba contenido a esa etérea condición de "ser latinos".

Fania dejó de ser un sello discográfico marginal y se convirtió en el gran negocio de la música latina. El concierto del Cheetah fue tan exitoso que, de ahí en adelante, Fania fichó a cuanto músico latino andaba suelto, absorbió el catálogo de otros sellos latinos y se lanzó a organizar un megaconcierto para cincuenta mil personas en el Yankee Stadium de Nueva York. Este concierto, al igual que el del Cheetah, debía servir para grabar otros dos elepés, una nueva película y, con ello, lanzarse a la conquista del mercado americano y mundial.

La cita tuvo lugar el 24 de agosto de 1973 y el cartel estaba compuesto por la Típica 73, Mongo Santamaría, el Gran Combo de Puerto Rico y la Fania All Stars. La fiesta tenía todos los ingredientes para convertirse en el Woodstock latino. El Yankee se llenó y León Gast, el fotógrafo que había filmado las imagenes de *Our Latin Thing*, estaba preparado para la nueva película. Las tres primeras orquestas del pro-

Aspecto interior y exterior del club Cheetah de Nueva York. Aquí se oficializa el fenómeno salsero con la primera gran reunión de la Fania All Stars, el 26 de agosto de 1971. Fotos de Izzy Sanabria.

grama salieron y actuaron sin problemas, la gente estaba exultante de emoción, sudor, alcohol, baile y orgullo latino. Todos esperaban con ansia la actuación de los héroes del momento, la Fania All Stars, pero, como era previsible, cuando las estrellas Fania iniciaron su presentación, la gente rompió las vallas de seguridad, invadió en tromba el estadio y, ante el peligro que ello representaba, se suspendió la actuación y ¡todos pa'casa!

Pese al cuasi-fracaso, Fania Records editó y puso en circulación un doble elepé titulado *Fania Live At The Yankee Stadium*, una estafa piadosa, pues, en efecto, era la Fania All Stars en vivo, pero no en el Yankee sino en el Coliseo Roberto Clemente de Puerto Rico. ¡Malicia latina, compadre!

Asimismo, nuestros *brokers* Pacheco y Masucci decidieron montar una película con las tomas realizadas por León Gast en el Yankee, junto a imágenes *hollywoodenses* del *glamour* latino de los años treinta, cuarenta y cincuenta. Las imágenes de El Barrio, con sus niños harapientos, la pobreza y suciedad de las calles, y el vacilón esquinero de los latinos en general y de los músicos en particular, desaparecieron por arte de magia en la nueva película para que la gente que no pertenecía a *nuestra cosa* no se asustara. Pero, hasta las capas medias y altas de la sociedad, que habían conocido *Our Latin Thing*, detectaron la manipulación y la claudicación de Fania en esta nueva entrega fílmica.

La nueva cinta se tituló simplemente *SALSA* y, aunque no tenía la fuerza y honradez de la primera, su éxito fue total. A partir de este momento, el sonido de la nueva música latina se dio a conocer en todo el mundo con el nombre de *salsa*, un nombre o etiqueta comercial que ha generado múltiples discusiones, pero que, se llame como se llame la música a la que se refiere, se trata de una sonoridad distinta a todos los ritmos caribeños que tienen nombre propio. En esto debió de estar pensando el compositor Justi Barreto cuando escribió su homenaje a Pacheco y Masucci que, interpretado por la Charanga de Pupi Legarreta, dice así:

Se fueron las comparsas
y triste me quedé,
pero al llegar la salsa
el alma me volvió,
mi vida se alegró.

Se opacaron tantas luces,
pero yo pude alumbrar.
Y quiero felicitar
a Pacheco y Masucci.

En el ritmo, lo sabemos,
ellos lo supieron conquistar,
unieron la rumba entre los cueros
y pusieron salsa en el timbal.

No confundan más, ni critiquemos,
vamos a aplaudir y a conservar
a Pacheco y Masucci.

Pacheco y Masucci, ¿dónde están?
¡Ah!, ¡Ah! en la rumba
Pacheco y Masucci, ¿dónde están?
¡Ah!, ¡Ah! en la salsa.

Con temas como el anterior y la segunda película de Fania, se dio por bautizado un movimiento al que ya pertenecían, con pleno derecho, los músicos y las orquestas que, influidos por el sonido neoyorquino, venían desarrollando su propio trabajo musical en Puerto Rico, Colombia, Venezuela y Panamá.

La salsa, como ya he señalado, se había fraguado a mediados de los años sesenta, pero no se llamó *salsa* hasta que en 1975 se publicó la segunda película de Fania bajo dicho nombre. La palabra se había estado utilizando desde 1962 por músicos como Joe Cuba (*Salsa y bembé*), Ray Barretto (*Salsa y dulzura*), Charlie Palmieri (*Salsa na'ma*), Los Hermanos Lebrón (*Salsa y control*), Cal Tjader (*Salsa del alma*), y Pupi Legarreta (*Salsa nueva*), entre otros. Pero es a partir de 1975 que la palabra se convierte en el nombre oficial y comercial del fenómeno, una marca registrada oficialmente por la compañía Fania. Es también a partir de este momento que se desatan las iras, incongruencias y debates acerca del nombre del nuevo fenómeno musical, aunque el tiempo se ha encargado de poner las cosas en su sitio y, hoy en día, tanto los músicos cubanos como sus musicólogos, que fueron durante años los principales detractores de la expresión, aceptan las características del fenó-

Cartel promocional de la película *Our Latin Thing*.

meno. Helio Orovio, autor del imprescindible *Diccionario de la música cubana*, admite en una obra reciente que la salsa "es una música de fusión, de mezcla, ajiaco de elementos caribeños, con aportes del *jazz*, el samba, el *rock*, el *reggae*, y aunque nunca ha renegado de sus ancestros cubanos, es un fenómeno musical con fisonomía propia"[*].

Discusiones aparte, es muy importante dejar claro que cuando se bautizó a la criatura, ésta ya estaba bastante crecidita e, incluso, había adquirido algunos vicios impropios de su edad que, a la postre, le perjudicaron la adolescencia y la madurez. Con poco más de diez añitos (de edad, no de bautizada), la traviesa criatura fue víctima de estupro y otras vejaciones por parte de sus padrinos. No obstante esto, la salsa vivió su *boom* internacional entre 1973 y 1980, aproximadamente.

Tres de café y dos de azúcar

La juventud, el lumpen, el proletariado y los oídos sensibles de las clases media y alta de toda América Latina se identificaron de forma inmediata con la salsa y la hicieron suya ¡con todas sus consecuencias! Los músicos y las orquestas se multiplicaron en toda la zona del Caribe, Fania monopolizó la industria y, como fiel negocio capitalista a la americana, aplicó las leyes del mercado de forma implacable a sus obreros (léase músicos), dictando lo que se podía grabar (léase vender) y lo que no. La demanda del mercado obligó a producir en serie, se abrieron tiendas de discos especializadas en salsa, las discotecas se dividieron entre las tradicionales de baile y las salsotecas, y los consumidores, a su vez, se dividieron en bailarines y salseros.

A los músicos estrictamente salseros se unieron los viejos músicos latinos, aquellos que desde los años cuarenta habían impuesto el son, el mambo y el chachachá. Estos, que tenían más preparación técnica y más experiencia, entraron en la salsa a regañadientes, pues les parecía un sonido blasfemo y ruidoso, pero la gente lo que quería era *salsa na'ma* y no tuvieron otra alternativa que tocarla.

Los músicos de la vieja guardia tenían algo de razón en sus críticas y observaciones, pero no entendían que la salsa era un fenómeno cuyas causas y consecuencias estaban más allá de lo musical. Es cierto que la

---

[*] *Música por el Caribe*, pág. 173. Ed. Oriente. Santiago de Cuba, Cuba, 1994.

mayoría de los músicos salseros no tenían una gran preparación técnica, pero en la expresión importaba mucho más lo que éstos tenían que decir que la formación musical o el virtuosismo. Quien escuche las primeras producciones de Joe Cuba, Willie Colón o Ángel Canales comprobará las carencias técnicas de los instrumentistas e, incluso, de los cantantes, aunque esta evidencia queda eclipsada por la fuerza, la honradez, la alegría y la rabia con que están atacados los temas. Y en salsa esto es lo que cuenta. ¡Quema ya!.

El *boom* estuvo comandado por las producciones de Fania, pero, paralelo a su monopolio, varios músicos y orquestas desarrollaron su trabajo de forma independiente y con criterios menos comerciales. Al mismo tiempo, la salsa se desarrolló con fuerza en Puerto Rico y Venezuela. Entre las producciones independientes cabe destacar el trabajo de Ismael Rivera, Eddie Palmieri, Gran Combo de Puerto Rico, Willie Rosario, Richie Ray, Puerto Rico All Stars, El Trabuco Venezolano, Grupo Folklórico y Experimental Nuevayorquino, Joe Cuba, Orquesta Broadway, Ángel Canales, Henry Fiol, Conjunto Clásico, Raphy Leavitt, Conjunto Libre y Dimensión Latina.

Entre las producciones independientes y las de Fania se abasteció la demanda del mercado salsero, pero la inspiración no daba para tanto y, en consecuencia, de cada cinco discos empezaron a salir tres de café y dos de azúcar. A los músicos latinos triunfantes se les salió de las manos el éxito y cayeron rápidamente en el abuso de las drogas y la pereza creativa. La Fania, en su afán de conquistar a los blanquitos, perdón, el dinero de los blanquitos, puso a sus estrellas a flirtear de forma inconsecuente con el *soul*, el *rock* y la música disco, terminando en un callejón cuya única salida era la música cubana. Aquí se inicia lo que se conoce como período matancerizante de la salsa. Ante la sequía creativa, algunos músicos acuden al baúl inagotable de la guaracha cubana, principalmente a los repertorios de la Orquesta Aragón, el Septeto Nacional de Ignacio Piñeiro, el trío Matamoros, el inagotable de Arsenio Rodríguez y La Sonora Matancera. Esta última, además de tener obras de gran factura rítmica, era conocida en toda América Latina y EE.UU. La Matancera había difundido con éxito un estilo sonoro y bailable que resultaba infalible y esto garantizaba, a los salseros que acudían a dicho repertorio y estilo, un mercado ya abierto. También se crearon temas nuevos, pero con arreglos al estilo de La Sonora Matancera, abandonando el sonido de El Barrio, es decir, el de la salsa. Es a este período al que se aferran los criticos cubanos para menospreciar la salsa, sin tener en cuenta la coyuntura en que dicho período surgió y desconociendo por completo el cuento que ya he relatado hasta aquí y sus protagonistas verdaderos. Curiosamente, estos mismos críticos adoran sin reservas a Oscár D'León, uno de los músicos que más ha fusilado el repertorio cubano y que, dentro de la salsa, no ha hecho ninguna aportación significativa en términos musicales.

La crisis que le sobrevino a la salsa con el *boom* fue lastimosa en ese momento, pero lo peor vendría después, la conversión de la expresión del barrio en *pop* puro y banal, y la derivación del sonido fuerte hacia el *bakalao* caribeño. Tal y como están hoy las cosas, hasta el sonido matancerizante nos parece sublime. ¡Vivir para oír!

¡Ataca, Rubén!

La debacle se salvó, momentáneamente, por la irrupción en la escena del cantante y compositor panameño Rubén Blades quien, en 1978, publicó el disco *Siembra*, con la orquesta de Willie Colón. El panameño ya había grabado cinco elepés anteriores, pero hasta que no se publicó *Siembra*, no pegó fuerte. "Chica plástico", "Pedro Navaja" y "Siembra", que le daba título a todo el elepé, fueron tres éxitos rotundos. Con estos temas se oficializa el período de la "salsa conciencia", aquélla que asumía en sus textos, de forma clara, poética y alegre, las reivindicaciones sociales de América Latina, aquélla que denunciaba la penetración cultural, económica y militar del imperialismo yanqui, aquella que acusaba a los dictadores militares y, por último, aquella que llamaba a la unidad de los latinos, pero guarachando.

Rubén Blades, además de su formación académica y su sensibilidad como poeta urbano, contó a su favor con el sentimiento revolucionario que vivía el continente. Pero la salsa "conciencia" ya tenía sus precedentes en Puerto Rico con el músico Fran Ferrer y sus producciones *Puerto Rico 2010* y *Puerto Rico 2013* (Yerbabruja), dos discos que, para la época, no sólo eran conscientes sino subversivos. En ellos se llamaba directamente a la huelga general, a la lucha independentista y a la revolución socialista. Y todo ello, dentro de una sonoridad salsera *sui generis* y vanguardista. Un sonido que ahora, veinticinco años después, parece actual. ¡Honor a quien honor merece! El propio Fran Ferrer sería el encargado de demostrar, en 1993, con su producción *Descarga Boricua,* que aún se puede hacer salsa brava y orgullosa en los albores del siglo XXI.

Por otra parte, y en concordancia con las tesis de este libro, la salsa ya era revolucionaria desde sus inicios, y no porque en sus textos incitara a la revolución sino por su carácter auténtico, su estracción social, sus innovaciones musicales, su confrontación cultural con los valores burgueses, su anarquía, su rabia y su orgullo. Sus protagonistas no declaraban "¡patria o muerte!", proclamaban "¡salsa y placer hasta el amanecer!" y eran revolucionarios, ¡coño! Con estas características, encontramos obras memorables de Eddie Palmieri, Ray Barretto, Larry Harlow, Roberto Roena, Bobby Valentín, Cheo Feliciano, etc.

Pero no fue Fran Ferrer, ni Palmieri, ni Roena, sino Blades quien pudo y supo catalizar la conciencia revolucionaria que zumbaba a finales de los años setenta y principios de los ochenta. Con la obra de Blades, la salsa reconquistó posiciones e, incluso, ganó a ciertos militantes de izquierda que, hasta ese momento, habían sido reacios a bailarla por considerarla una desviación de la lucha o, en todo caso, cuando la bailaban, era a escondidas de los camaradas, como era el caso de este servidor en su más tierna adolescencia. ¡Hum, ni p'allá vo a mirar!

En este contexto, Rubén Blades pudo trabajar sus nuevas obras con más confianza y brindar a los latinos y a la humanidad temas de gran sensibilidad y afinque. Ésta fue la onda sabrosa y memorable de Rubén hasta 1983. A partir de ese momento, abandona a la Fania, a Willie Colón y a la sabrosura. Se mantiene en su discurso "conciente", pero su nueva música no tiene el *swing* de la calle, se hace más de salón, en concomitancia con la moda de la "canción protesta" latinoamericana y la "nueva trova cubana", dos sonoridades que resultan patéticas para los oídos acostumbrados a la clave y el bongó jugando con el trombón.

La salsa brava de Blades salvó económicamente a la Fania y culturalmente a la propia salsa, pero, de nuevo otro fantasma recorría las calles, el fantasma de la balada española, un género de amplio y hondo arraigo en América Latina, que tiene en las mujeres su cliente más fiel y arcaico. ¡Lo que nos faltaba! ¡Julio Iglesias y José Luis Perales en salsa! ¡Tremendo *swing*! y ¡tremendo negocio! Ajústense los cinturones, escondan las armas, y prepárense a conocer algunos detalles de nuestra capitulación rítmica y cultural, pero no se enfaden, estas cosas pasan, incluso, en las mejores familias.

Portada del primer LP de Rubén Blades con Willie Colón.

Esta caída en picado de la salsa en las mansas, pulcras y planchadas sábanas de la balada (las de la salsa siempre estuvieron manchadas y arrugadas), es su historia más triste y dolorosa. No sólo por la claudicación cultural y rítmica que supuso, sino porque el culpable visible del invento, Louie Ramírez, era hasta ese momento uno de los músicos más completos y vanguardistas de la música latina. Su aporte a la salsa y sus obras maestras las reseñaremos con honores en el capítulo "Fichas bio-discográficas" de este libro, pero en el presente apartado su nombre figurará como el del instigador, inconsciente quiza, de la peor catástrofe (musical, no comercial) que le cayó encima a la salsa.

He dicho que Ramírez fue el culpable *visible* y esto debe ser bien leído, pues a su iniciativa se adhirieron sin reservas decenas de músicos y, lo que es peor, millones de consumidores, hombres y mujeres, gente del barrio y del bonche, gente que sigue en las mismas condiciones o peores que cuando surgió la salsa. Así pues, hay más de un culpable y, seguramente, lo que Ramírez pretendía era tan sólo divertirse, aprovechar su gran genio, tomarle el pelo a las baladas de Manuel Alejandro y cagarse de la risa al oírlas en clave. ¡¡Por qué no?!

Lo jodido es que, si fue una broma, la gente se la tomó en serio y, cuando Ramírez publicó *Noche caliente*, en 1982, el disco tuvo un éxito tremendo, y ¡con la iglesia hemos topado, querido Louie!

El disco de autos contenía baladas famosas de compositores españoles y latinoamericanos (¡de todo hay en la viña del señor!), cuadradas en clave e interpretadas por tres soberbios soneros como eran Ray de la Paz, Tito Allen y José Alberto "El Canario". El producto conectó de forma inmediata con el gusto femenino y se vendió como el pan, que es cosa de mujeres, y no como el maní, que es cosa de hombres. Hasta ese momento, las mujeres, en general, habían participado en la salsa como invitadas de piedra, iban a la rumba por su amor incondicional al hombre, y por su gusto ancestral por el baile, pero no sufrían la catarsis que experimentaban los rumberos. Esta catarsis, duele decirlo, se la proporcionó a las mujeres la balada en clave. Y si quieren comprobarlo, observen las inequívocas reacciones que experimentan las jevitas frente a un tema de Eddie Palmieri, o un tema del actual Gilberto Santa Rosa. Con el primero bostezan, con el segundo se mean en las bragas de emoción, perdón, les embarga la emoción (este mal chiste procede de la película *Pretty Woman*, pero, por lo menos, se produjo cuando Julia Roberts asistía por primera vez a la ópera ¡y encima a *La Traviata*!).

La fórmula de Ramírez (y prometo no mencionar más su nombre en este penoso, qué digo, vaginoso asunto) fue asumida, secundada y explotada de inmediato por la gran mayoría de los músicos de la salsa clásica y por la totalidad de los nuevos.

La competencia, estímulo y emulación que representaron el *rock*, el *jazz* y el *soul* para la música latina en su momento, se limitaba ahora a la emulsión con un género baladí: la balada.

De la *emulación* de los ritmos bravos se pasó a la *emulsión* con los *ritmos* blandos. Según el diccionario *Clave* *, *emulsión* es la "mezcla de dos líquidos insolubles entre sí, de tal manera que uno de ellos se distribuye en pequeñísimas partículas en el otro". Adivinen cuál es, en nuestro caso, el que se distribuyó en pequeñísimas partículas. Y si dejan que les moleste por penúltima vez, este mismo diccionario define la *salsa* como sigue: "Caldo o crema elaborados con varias sustancias mezcladas y desleídas que se prepara para acompañar o condimentar comidas. Lo que anima o hace más atractivo y excitante." Esta definición no es incompatible con la que he tratado de exponer ¡y reivindicar! a lo largo de estas páginas. Si no lo he logrado, no es por culpa de este diccionario, sino porque "mi número es el que está, antes del cero y el uno, pónganse a averiguar la cifra de ese montuno". (Los Hermanos Lebrón).

Desde la salida del disco *Noche caliente* hasta hoy, la música latina, que se vende como salsa, salvo honrosas excepciones, es pura y simplemente *pop* latino, género al que no estoy dispuesto a dejar en paz, mientras yo viva, beba y baile. ¡En guardia!

---

* *Diccionario del uso del español actual*, págs. 685 y 1632. Ediciones SM, Madrid, España, 1999.

Epílogo

Del elitismo al populismo

Los rasgos sociales, culturales y musicales que ya hemos esbozado de la salsa dejan claro que se trata de una expresión minoritaria y cerrada, como todas las expresiones culturales de carácter, como el flamenco gitano-andaluz, como el tango, como la pintura de Francis Bacon, o como la literatura de Robert Musil. Pero la gente del *business* no puede soportar que algo tan importante y atractivo no sea rentable y, más que rentable, fuente de enriquecimiento rápido y sin escrúpulos.

Está claro que la salsa, para cruzar las fronteras del barrio y entrar en las casas decentes de la gente bien, tuvo que aflojar su discurso, aligerar su sonido y cantar lo que la chusma necesita oír para dormir tranquila. Para lograr tan magno y rentable objetivo, los textos de la salsa se adecentaron, sus arreglos y sonoridad se hicieron inofensivos y, de esta forma, fue más digerible para el gran público que empezó a bailarla y comprarla. En la venta de estos discos se conquistó el preciado mercado femenino que, hasta ese momento, había sido reacio a la expresión. Ahora mismo las jevitas de América Latina y del mundo, con su romanticismo arcaico, son la principal fuente de inspiración y financiación de esta sonoridad.

Aquí nace el populismo que, tratando de conquistar a la clase media, termina contaminando al propio barrio, y ahí está lo más grave de la situación: los propios protagonistas y destinatarios en el origen de la salsa son, ahora, sus principales víctimas. Da náuseas comprobar cómo los habitantes de los barrios del Caribe se regodean con ese ritmo blando, saturado de historias cursis, bucólicas y arribistas.

Los duros del barrio, los que forjaron la salsa, eran auténticos aristócratas; los pobladores de hoy, en cambio, se conforman con el mal gusto de la clase media, con su inconsecuencia, su falsedad y su lamentable bienestar.

Por eso la "salsa" de hoy gusta a tanta gente, pues es un género ligero, divertido y sin consecuencias vitales más allá de una ocasional borrachera y una esporádica y pecaminosa relación sexual. En la actualidad, esta musiquita es la mejor coartada para conseguir pareja y, una vez logrado, desaparecer de la escena. Eso sí, cuando sobreviene la inevitable ruptura de dos seres que se aparean en tales circunstancias, vuelven a la coartada, pues para eso se inventó. En la pista les esperan los temas "salseros" para hablarles de su simplicidad vital, pero con bongó para parecer más exóticos y excitantes. Estos temas venden miles de copias, se oyen en la radio y se bailan en las "salsotecas", pero su existencia no aguanta dos veranos, es tan efímera como los amoríos que provoca. Lo que es efímero son los temas, no la tendencia que, como he reseñado, es la que manda desde hace más de una década.

Intuyendo la catástrofe que se avecinaba para la música y los bailadores, el pianista Eddie Palmieri compuso su exquisito y durísimo tema "Óyelo que te conviene", un grito sonoro en el que alertaba a los melómanos para que no bajaran la guardia auditivo-gozona frente a los subproductos musicales que la industria y los medios de comunicación querían imponer y que, desgraciadamente, terminaron imponiendo.

La advertencia de Palmieri encontró pocos oídos limpios, pues el barrio y los músicos ya estaban contaminados por el virus de la cursilería y la grosería musicales. Por suerte, los pocos oídos receptivos que le hicieron caso y otros que más tarde recibieron y respetaron la herencia, siguieron firmes en la sonoridad salsera y, aún hoy, le siguen cantando a las urgencias y alegrías del Caribe y de la vida. Los músicos de esta dinastía son pocos, pero son. Comandados por Eddie Palmieri, que es el más duro de todos, están, entre otros, Manny Oquendo, Marvin Santiago, Ismael Miranda, Justo Betancourt, Fran Ferrer, Yuri Buenaventura, Joe Arroyo, Ray Barretto, Jimmy Bosch, Cachete Maldonado, John Santos, La Sonora Ponceña, Johnny Blas, Poncho Sánchez, Raulín Rosendo, Junior González, Larry Harlow y pocos más.

Llegados a este punto, podemos afirmar sin complejos que la salsa brava es, ya hoy, una expresión clásica que se oye y se goza una y otra vez sin importar el paso del tiempo. La zafiedad y la ignorancia de ciertos comentaristas musicales acusan a los salseros clásicos de "no evolucionar" por el hecho de no aceptar la basura latina impuesta en los últimos años. Hay muchos argumentos para tirarles por tierra su impertinente opinión, pero baste decir que la salsa clásica es como la música de Bach, Mozart o Beethoven, que se sigue oyendo y gozando con igual emoción después de tantos años y siglos de creada. Y a los amantes de la música clásica nadie los acusa de conservadores o involucionistas. En nuestra discografía están todos los salseros bravos, junto a Bach, Beethoven, Caetano Veloso, Benny Moré, Carlos Gardel, Astor Piazzolla, Miles Davis, Jimi Hendrix y Arsenio Rodríguez, para júbilo

nuestro y de nuestros herederos. ¡Que los sordos se jacten de su vulga-
ridad y a nosotros que nos quiten lo *gozao*!

Pop latino y bakalao caribeño

El devenir de la salsa hacia intereses tan ajenos a sus orígenes provocó
los desastres que ya hemos señalado y, en la actualidad, ha desembo-
cado en dos tendencias musicales de temas efímeros que, llamándose
salsa de forma oportunista, no son otra cosa que *pop* latino y *bakalao*
caribeño. El primero, como ya hemos dicho, constituido por baladas de
tradición española, con percusión y *glamour* latinos, cursis canciones
de amor con bongó. El segundo, constituido por temas obscenos y zoo-
lógicos[*] de la tradición merenguera dominicana, temas cursis y chaba-
canos arropados por un bombo repetitivo y frenético. Estas dos tendencias compungen el alma de los melómanos exigentes, aturden el
oído de los oyentes decentes y producen artrosis en los bailadores de
paso bravo.

La contrariedad de los salseros con estas dos expresiónes musicales no
es por su existencia, faltaría más, sino por el hecho de llamarlas *salsa*, pues
al usurpar este título nos autoriza y conmina a desenmascarar su farsa.
Cuando estos géneros asuman su esencialidad y se llamen como lo que
son (*pop* latino y *bakalao* caribeño), obtendrán nuestra tregua definitiva.
Nuestro desprecio seguirá intacto, pero ya no tendremos motivos para
luchar por rescatar el honor de nuestra expresión. La denominación *salsa*
sólo se puede aplicar a aquellas obras que cumplan los requisitos que tal
denominación exige: contundencia sonora en los arreglos, respeto a la
clave y el tambor, bravura rítmica y letras ancladas en las urgencias, pla-
ceres, luchas y tristezas de la gente de la calle. Esto es lo que caracteriza a
la salsa desde su nacimiento, y no esa monotonía temática y rítmica del
pop latino y el *bakalao* caribeño de hoy. La salsa, caballeros, es una música irreconciliable, así pues, permítanme que me despida con una una
cuarteta del "Hueso", interpretada por Pete Rodríguez: "Hueso para los
perros/ toda la carne pa'mi/ así soy con las cosas/ que pertenecen a mí."
¡Grrrr!

---

[*] En esta fauna han tenido un éxito tremendo temas como "El perrito", "El venao",
"El tiburón, y el actual "La vaca". Esperemos que la Sociedad Protectora de Animales
tome medidas urgentes.

Fichas bio-discográficas

¡Oye lo que te conviene!

Las fichas bio-discográficas que presento a continuación no son un análisis musicológico de la obra de los músicos seleccionados, sino un complemento imprescindible del texto histórico anterior. Esto quiere decir que el uno sin el otro no serían del todo inteligibles.

Son cientos los músicos que han hecho posible la salsa, pero aquí sólo hemos seleccionado unos cuantos de entre los más importantes, aquellos que, de una forma u otra, sirven de prueba tangible a todo el alegato anterior. No están todos los que son, pero sí son todos los que están. Como es obvio, detrás de cada nombre seleccionado hay una vasta nómina de músicos, sin cuyo concurso la obra de los grandes nombres sería inexistente.

La discografía que se enumera al final de cada ficha es una selección con carácter de "recomendada" o "seleccionada". En cada elepé he tratado de ofrecer la información referente al sello discográfico y año de la edición, de modo que el lector curioso pueda adquirir las obras que más le llamen la atención.

Uno de los graves problemas de la música latina es la escasa y anárquica documentación acerca de su historia. A diferencia de otras músicas populares, "nuestra cosa" ha ido sucediendo sin que su devenir se haya documentado de forma sistemática. En esto se refleja la profunda desarticulación de nuestra formación social y, en consecuencia, a nadie debe extrañar que nuestras obras más sublimes se desvirtúen, falseen y perezcan por culpa de dicha fragilidad. Esta indocumentación, en el caso de la salsa, ha sido flagrante, por no hablar de las revistas especializadas que, sin ningún rubor, han apostado más por la farándula, el chisme y la publicidad encubierta, antes que por la documentación y el análisis crítico de las obras. Con este problema nos topamos los que queremos estudiar y escribir sobre nuestra cosa sabrosa, quiero decir, sobre nuestra música. Mientras tanto, no te abrumes, mi hermano, enchufa tu equipo y ¡oye lo que te conviene!

Bobby Valentín. Llegando a Nueva York, pero con Puerto Rico en el pecho.

Bobby Valentín

Roberto "Bobby" Valentín nació en Orocovis (Borinquen) en 1941, pero a los quince años emigró a Nueva York e inició su carrera artística. Sus primeros instrumentos fueron la guitarra, el tres, la trompeta y el trombón, antes de convertirse en uno de los bajistas, arreglistas y compositores más importantes de la salsa.

Antes de formar su propia orquesta, en 1965, Valentín fue un trompetista, trombonista y bajista destacado en las orquestas de Joe Quijano, Charlie Palmieri, Ray Barretto, Tito Rodríguez y Willie Rosario. Con estas agrupaciones, Bobby acumuló el bagaje rítmico, musical y organizativo que, más tarde, aplicaría de forma fresca y audaz en sus producciones.

Fue, junto a Larry Harlow, uno de los primeros fichajes del sello Fania y, por supuesto, el bajista y arreglista principal de la Fania All Star, tanto en la presentación oficial de las estrellas en el concierto del Cheetah de 1971 como en varias producciones posteriores del sello.

Bobby Valentín pertenece a la generación clásica salsera. En sus inicios le metió mano al *boogaloo*, género en el que despuntó como un arreglista atrevido y vanguardista. Con su breve pero intensa trayectoria, entró en el fenómeno salsero con todos los honores y todos los hierros. Grabó con la Fania casi una docena de discos hasta 1974, año en el que se independizó y fundó su propio sello discográfico bajo el nombre de Bronco Records. Es a partir de aquí cuando Valentín produce lo mejor de su obra. En 1975 publicó *Va a la cárcel*, dos discos grabados en directo, contando en el canto con el impagable sonero *boricuá* Marvin Santiago, pero no fue hasta 1978 que le llegó la consagración internacional con el tema "Moreno soy", cantado por Luigi Texidor, un sonero que provenía de la Sonora Ponceña de Papo Lucca. Un año más tarde, Valentín fichó al cantante albino Carlos Estremera y volvió a pegar fuerte con el tema "La boda de ella" y, a partir de aquí, su orquesta se consolidó como una de las más importantes de Puerto Rico y de la salsa en general.

Hasta 1987, Bobby Valentín produjo obras de gran factura dentro de los cánones salseros, pero, desde entonces, su obra se desdibujó en las mansas aguas del *pop* latino.

Hasta la fecha, ha grabado casi cuarenta discos, además de participar en varias producciones de la Fania All Stars, Celia Cruz, Ismael Quintana, Cheo Feliciano, Héctor Lavoe, Ray Barretto, Adalberto Santiago, Pete "El Conde" Rodríguez y la Descarga Boricua de Fran Ferrer, entre otras.

En 1991, para celebrar su veinticinco aniversario musical, produjo un disco memorable en el que participaron los principales vocalistas de su carrera, interpretando los números bravos y clásicos de su repertorio. Su bajo eléctrico y su estilo virtuoso ocupan un destacado lugar en la historia musical del Caribe. En la actualidad, Bobby Valentín es uno de los músicos más requeridos como productor, tanto en Puerto Rico como en Nueva York.

DISCOGRAFÍA

Soy boricua (Fania 1972)
Va a la cárcel. Vol. I y II (Bronco 1975)
Musical Seduction (Bronco 1978)
Bobby Valentín (Bronco 1979)
25 Aniversario (Bronco 1991)

Celia de la Caridad Cruz Alfonso, más conocida como Celia Cruz, la guarachera de Cuba, la reina de la rumba y la diosa del ritmo, nació en La Habana el 21 de octubre de 1924, pero su nación es el Caribe y, hoy por hoy, todos los latinoamericanos la consideran como algo suyo.

Celia Cruz no es hija legítima de la salsa, pero ha formado parte de dicho contingente sin ningún tipo de complejos, pues su talento interpretativo está más allá de la guaracha y el bolero cubanos, géneros en los que se inició y consagró desde su adolescencia. Por su registro y sabiduría *cantabile*, ha sido comparada con Bessie Smith, Ella Fitzgerald y Billy Holliday, entre otras divas de la música popular.

En sus cincuenta años de carrera profesional, Celia Cruz ha grabado más de setenta elepés, cerca de ochocientos temas, con orquestas como la Sonora Matancera, Tito Puente, Larry Harlow, Ray Barretto, Willie Colón, Sonora Ponceña, Johnny Pacheco y la Fania All Stars, ha participado en varias películas, posee innumerables premios internacionales, las llaves de varias ciudades del mundo, dos doctorados "Honoris Causa" en EEUU y un libro-poema-biografía, escrito por el colombiano Umberto Valverde bajo el título *Reina Rumba*. En definitiva, Celia Cruz, además de cantante y guarachera, representa un símbolo de la cultura latina en todo el mundo. Con su desbordante alegría y simpatía en el escenario, su grito de "¡Azúcar!", su movimiento de caderas y su montuno arrollador, provoca catarsis hasta en el polo norte.

Celia Cruz pertenece al grupo de los soneros en toda regla, pero su faceta como intérprete de boleros es tan sublime como la de guarachera. Durante quince años, desarrolló estos dos estilos con su orquesta de toda la vida, la Sonora Matancera, agrupación en la que ingresó en 1950, sustituyendo a la cantante *boricua* Myrta Silva.

Su ingreso en la salsa propiamente dicha, ocurió en 1973 cuando fue invitada por Larry Harlow a cantar en la obra *Hommy A Latin*

Opera. Aquí interpretó el tema "Gracia divina", compuesto exclusivamente para ella y, desde entonces, ha estado vinculada a la nueva expresión musical, participando en las giras mundiales de la Fania All Stars y grabando con las orquestas más destacadas de Nueva York y Puerto Rico.

En su etapa salsera, la *Reina Rumba* ha grabado cerca de veinte elepés y, como invitada, unos veinticinco. También ha grabado discos con orquestas *ad hoc* y realizado giras internacionales acompañada por la orquesta de José Alberto "el Canario", o como parte integrante de la Combinación Perfecta, un *All Stars* del sello RMM, compañía del empresario Ralph Mercado, de la que se ha desvinculado recientemente para formar la suya propia.

DISCOGRAFÍA

Con la Sonora Matancera:
Grandes éxitos de Celia Cruz (Seeco)
Cambiando ritmos (Música del Sol)
Celia Cruz: También boleros (Música del Sol)

Con Tito Puente:
Quimbo quimbumbia (Tico)

Período salsero:
Hommy A Latin Opera (Fania 1973)
Tremendo caché —con Johnny Pacheco— (Vaya 1975)
Solamente ellos pudieron hacer este álbum —con Willie Colón— (Vaya 1977)
La ceiba —con la Sonora Ponceña— (Vaya 1979)
Tremendo trío —con Ray Barretto— (Fania 1983)

Celia Cruz. Entre estas dos imágenes median cincuenta años de vida ¡y de *azúcar*!

Charlie Palmieri. El molestoso del piano y de cualquier ritmo.
¡Ponle el dedo goldo!

CHARLIE PALMIERI

Charlie Palmieri es una de las figuras más sobresalientes de la música latina. Un pianista, compositor, arreglista y director de orquesta de los más completos. Con su talento, transitó por los ritmos de Cuba, Puerto Rico y el *jazz*, desde los años cuarenta hasta los ochenta. En sus casi cincuenta años de carrera artística, Palmieri le metió el seso y los dedos al son, al mambo, al *jazz*, a la pachanga, al chachachá, al *boogaloo*, a la salsa, a la descarga y al *latin jazz*.

Hijo de Isabel Maldonado y Carlos Palmieri, dos *boricuas* emigrados a Nueva York en los años veinte, Charlie nació en la Gran Manzana un 21 de noviembre de 1927 y murió, a consecuencia de un ataque cardíaco, el 12 de septiembre de 1988.

Charlie Palmieri destacó en el piano desde muy niño. Antes de tener uso de razón, ya conocía las razones del piano, la clave y la síncopa. De aquí que sus padres le dieran los estudios necesarios para desarrollar su talento, y a los dieciséis años de edad ya estaba tocando de manera profesional.

Antes de formar su propia orquesta, Palmieri tocó, compuso e hizo arreglos para grupos y orquestas legendarias como la Playa Sextet, Tito Puente, Machito, Xavier Cugat y Tito Rodríguez, entre otras.

A mediados de los años cincuenta, ya formó su propia orquesta y contó con el cantante *boricua* Vitín Avilés, una de las voces más importantes del bolero y la guaracha. Esta orquesta, que interpretaba números de *latin jazz* y ritmos afrocaribeños, ya empezaba a relucir con los arreglos neoyorquinos que, una década más tarde, dieron como resultado el movimiento de la salsa, pero antes del *boom* salsero, Palmieri era un pianista consolidado en el mundo del mambo y, sobre todo, en el *latin jazz*, género en el que comparte estilo e innovaciones con otros excelsos pianistas latinos como Noro Morales, Anselmo Sacassas y Pedro Justiz "Peruchín".

En 1959 formó, junto al flautista y timbalero dominicano Johnny Pacheco, la Charanga Dubonney, un formato orquestal que, a la sazón, era el que mandaba en el gusto de los bailadores y era el idóneo para la interpretación de la pachanga.

Hacia 1961, Palmieri dirigió las grabaciones y descargas del sello Alegre con la flor y nata de los músicos cubanos y *boricuas* residentes en Nueva York y, hacia 1967, se adentró en el *boogaloo* y el *latin soul* con un disco memorable, *Either You Have It Or You Don't (Hay que estar en algo)*, una obra que ya anunciaba la rabia del barrio latino y el advenimiento de la salsa. Charlie Palmieri introdujo el órgano en los ritmos latinos y lo hizo sonar con rabia y orgullo, sin complejos culturales.

DISCOGRAFÍA

Pachanga At The Caravan Club (Alegre)
Salsa na'ma (Alegre)
Hay que estar en algo (Tico 1967)
El gigante del teclado (Alegre 1972)
Adelante gigante (Alegre 1975)
Con salsa y sabor (Cotique 1977)

CHEO FELICIANO

José "Cheo" Feliciano nació el 7 de julio de 1938 en el barrio Pancho Coimbra, de Ponce, Puerto Rico. Estudió en la Escuela Libre de Música de su aldea, y a los diecisiete años emigró con sus padres a Nueva York.

Con sus inquietudes musicales y el fervor que sentía por la música latina en los años cincuenta, Cheo se hizo ayudante de la orquesta de Tito Rodríguez que, a la sazón, era la más importante del ambiente. Aquí tuvo su primera oportunidad cantora, nada más y nada menos que en el *Palladium Ball Room,* el templo sagrado del mambo. Cantó un solo día, pero fue suficiente para que Tito Rodríguez reconociera el talento vocal del joven ponceño y, pocos meses más tarde, le recomendara a Joe Cuba, que estaba buscando un cantante latino para su sexteto.

El 15 de octubre de 1957, Cheo debutó como cantante de ese sexteto y, a partir de aquí, nació una de las páginas más sabrosas de la historia de la música latina. El primer álbum de Cheo con Joe Cuba fue *Chachas To Soothe The Savage Beat (Chachas para suavizar el ritmo salvaje),* un título que, por sí solo, nos deja intuir cómo estaba el estado del ritmo en ese momento: el barrio estaba en candela y los músicos eran del barrio.

Con Joe Cuba, Cheo estuvo diez años y grabó un total de diecisiete elepés. A esta época pertenecen temas universales como "El ratón", "El pito", "Remember Me", "Salsa y bembé", "Oriente" y "Yo vine pa ver", entre otros muchos que catapultaron a la fama y a la riqueza a Joe Cuba. En este período, Cheo se afianzó en el montuno interpretando pachangas, *boogaloos,* chas, boleros y guarachas. Su forma de decir el canto estaba influida por el timbre de Tito Rodríguez y Vitín Avilés, pero Cheo ya tenía los énfasis y los guiños callejeros que caracterizarían el canto salsoso, la maldad, el caló y la guapería. Además de la salsa,

Cheo también se destacaba en el bolero, género al que se aplicaba con suavidad y un sentimiento muy suyo. Estos rasgos serían los que le convertirían, en la década de los setenta, en uno de los salseros más destacados, junto a Héctor Lavoe, Ismael Miranda, Rubén Blades, Ismael Rivera, Marvin Santiago, Ángel Canales, Ismael Quintana, etc.

Después de su intensa carrera junto a Joe Cuba, Cheo pasó por la orquesta de Eddie Palmieri, pero, para entonces, ya estaba pillado a fondo por el vicio y, en un alarde de madurez que no tuvieron otros, decidió internarse en una clínica de rehabilitación de Puerto Rico.

Si bien Tito Rodríguez fue su mentor para iniciarse profesionalmente, Catalino *Tite* Curet, el gran compositor *boricua,* fue su padrino y, en gran medida, el responsable del retorno de Cheo a la escena con todos los hierros. Esto ocurrió en el gran concierto que las estrellas de la Fania dieron en agosto de 1971 en el Cheetah de Nueva York. A partir de aquí, Cheo se recuperó completamente para la expresión e inició su gran carrera como solista y estrella de la Fania, compañía a la que permaneció ligado hasta 1983, grabando alrededor de quince álbumes.

El 25 de mayo de 1983, Cheo celebró sus veinticinco años de carrera artística con un concierto memorable para el que montó una orquesta de veinticinco músicos. La grabación de este concierto en vivo se publicó en su propio sello discográfico, Coche, con el título de *25 años de sentimiento.* Para entonces, Cheo ya tenía en su carrera la experiencia de haber tocado y grabado con lo mejor de nuestra "cosa latina": Joe Bataan, Tito Rodríguez, Joe Cuba, Impacto Crea, Alegre All Stars, Cesta All Stars, Fania All Stars, Mongo Santamaría, Eddie Palmieri, Larry Harlow y Tito Puente.

Desde finales de los años ochenta, Cheo cayó en la desgracia del *pop* latino, pero quedan para la historia sus grandes momentos salseros y temas como "Anacaona", "Soy tu ley", "Busca lo tuyo" y "Si por mí llueve", entre otros.

DISCOGRAFÍA

Stepping Out (Seeco 1964)
Digging The Most (Seeco 1964)
El alma del barrio (Tico)
Cheo's Rainbow (Vaya 1976)
Cheo (Tico)

Cheo Feliciano. Foto de Eduardo Firpi.

Eddie Palmieri. Ejemplo vivo del orgullo latino, del ritmo bravo y la sabrosura.
¡Melao pa'l sapo!

Eduardo "Eddie" Palmieri es un *nuyorican* nacido el 15 de diciembre de 1936 en El Barrio. Ganador de cinco Grammys en la categoría de Música Latina Tropical, representa uno de los más dignos valores de la salsa y de la música en general. Pianista desde los diecinueve años en orquestas tan legendarias como las de Johnny Seguí, Vicentico Valdés y Tito Rodríguez, formó, en 1961, su orquesta La Perfecta, con la que ganó a pulso el nombre de "el sol de la música latina". Los cuarenta y cinco años de carrera y obra de Palmieri constituyen uno de los legados musicales más importantes de la humanidad.

De todos los pianistas de la salsa y el *latin jazz*, Eddie Palmieri es, sin discusión, el más moderno, el más estudioso, el más arriesgado y, en una palabra, el más revolucionario. Junto a él, destacan otros dos pianistas supremos, Richie Ray y Papo Lucca, pero Palmieri es el más duro de todos.

Palmieri es, en la salsa, el músico más coherente que ha tenido la expresión. Su obra y su actitud personal han sido siempre respetuosas con la tradición y con el ritmo, ha investigado y realizado innovaciones sonoras, pero nunca ha hecho concesiones ni a la industria ni a los bailadores.

La música de Palmieri tiene un nivel de elaboración que asume influencias del R&B, el *funk*, Bach y Debussy, dando como resultado las *suites* salseras más bravas y gozonas para regocijo de alma y cuerpo.

Desde el mismo momento en que Palmieri montó La Perfecta, revolucionó con sus ideas la sonoridad afroantillana. Su espectacular ejecución pianística alteró el diálogo tradicional entre los propios instrumentos, e incluso entre instrumentos y coros. No conforme con ello, Palmieri elevó a la máxima expresión el guajeo de trombones y trompetas, reflejando de esa forma la dureza social y la aspereza de las calles pateadas por los latinos de Nueva York, o de cualquier gran urbe latinoamericana. Esta rebeldía, reflejada en lo instrumental, siempre ha estado en concordancia con sus textos. Un ejemplo claro lo encontramos en temas como "Justicia", "Vámonos pal monte" y "Palo pa rumba".

Los músicos y melómanos dicen que "el montuno de Palmieri es el montuno de Palmieri", destacando con ello una de las principales características de su trabajo, pues su estilo duro y pesado es inconfundible a la hora de montunear. Palmieri toca el piano como si de una tumbadora se tratara. Este rasgo de su personalidad musical le hizo ganar, en sus inicios profesionales, el apodo de "Pancho Rompeteclas", pues, en realidad, Palmieri siempre quiso ser percusionista, y lo fue en su infancia y adolescencia, pero se cambió al piano porque, según él, los pianistas son los únicos músicos que no tienen que cargar con el instrumento a cuestas.

En los años sesenta y setenta, Palmieri representó, junto a Willie Colón, el sonido auténtico de la salsa y las urgencias del barrio, aunque su pasión y respeto por ritmos de raíz como el son, el danzón, la plena y la bomba son indiscutibles. Para Palmieri, el paradigma de la música latina está en la obra de Arsenio Rodríguez, de quien suele decir que dividió la historia de la música afrucubana en dos: antes y después de Arsenio. Este respeto y reconocimiento no le han impedido, sin embargo, realizar las obras más experimentales tanto en salsa como en *jazz*. Estas constantes de su trabajo han estado presentes desde sus incios hasta la actualidad.

DISCOGRAFÍA

Azúcar pa ti (Tico 1966)
Vamonos pal monte (Tico)
En vivo Sing Sing Vol. I y II (Tico 1972)
El sol de la música latina (Coco 1974)
Solito (Música Latina 1985)
El rumbero del piano (RMM 1998)

FANIA ALL STARS

La historia de la Fania All Stars está indisolublemente ligada a la historia de la compañía discográfica Fania, a la historia de la salsa como fenómeno socio-cultural y, sobre todo, como fenómeno comercial.

La compañía discográfica fue fundada en 1964 por el abogado neoyorquino Jerry Masucci y el músico dominicano Johnny Pacheco, alentados por la fuerza que estaba tomando la música latina y por la necesidad que tenía Pacheco de un sello discográfico para publicar sus propias producciones. Al mismo tiempo, la naciente compañía empezó a fichar a los músicos jóvenes que dominaban en la escena latina de Nueva York: Larry Harlow, Ray Barretto, Ismael Miranda, Bobby Valentín y Willie Colón, entre otros.

Hacia 1967, Fania ya contaba con un buen plantel de músicos y un catálogo discográfico que conectaba con lo que la gente pedía, el sonido del barrio: la salsa. Asímismo, ya existía en el ambiente musical la tradición de las descargas y las reuniones de *all stars*. De este género son legendarias las grabaciones de Julio Gutiérrez, José Fajardo y Charlie Palmieri, conocidas como *Cuban Jam Sessions, Cesta All Stars, Alegre All Stars y Tico All Stars*. Por esta misma época, Fania realizó su primera *All Stars* con los músicos de la casa en el Red Garter, aunque esta primera reunión pasó desapercibida para el gran público. Sin embargo, la sesión fue grabada y editada en dos álbumes bajo el título *Live At Red Garter*.

No fue hasta el 26 de agosto de 1971 que la Fania All Stars pudo tomar forma y contenido definitivos. Ese día, histórico para la memoria salsera, se reunieron en el Club Cheetah las estrellas de la compañía, ofreciendo uno de los conciertos más sonados y de mayores consecuencias, pues fue brote del fenómeno salsero a nivel internacional, principalmente en el Caribe y América Latina. De aquí surgieron los dos álbumes del concierto y la película *Our Latin Thing (Nuestra Cosa)*.

Los protagonistas del Cheetah fueron, al piano, Larry Harlow y Richie Ray; bajo, Bobby Valentín; tumbadoras, Ray Barretto; timbal, Orestes Vilató; bongó, Roberto Roena; trompetas, Héctor "Bomberito" Zarzuela, Roberto Rodríguez y Larry Spencer; trombones, Willie Colón, Barry Rogers y Reinaldo Jorge; cuatro puertorriqueño, Yomo Toro; cantantes, Héctor Lavoe, Ismael Miranda, Cheo Feliciano, Pete "Conde" Rodríguez, Bobby Cruz, Santitos Colón y Adalberto Santiago; y, por último, en la flauta y dirección musical, Johnny Pacheco. Con esta sección de artillería pesada gozaron hasta la extenuación los bienaventurados rumberos que pudieron acceder al concierto y los que, más tarde, adquirimos la película y los dos álbumes con temas como "Anacaona", "Quítate tú", "Descarga Fania", "Ahora vengo yo" y "Macho Cimarrón".

Como su nombre indica, las *All Stars* han sido siempre reuniones puntuales, *ad hoc*, de músicos destacados que se reúnen para dar un concierto o grabar un disco, para después volver cada uno a su respectiva orquesta. Esto también vale para la Fania All Stars, pero en su caso, dada la importancia adquirida por la salsa, esta formación se había convertido, casi casi, en una orquesta estable con múltiples compromisos, producción de discos, conciertos y giras internacionales.

La Fania, en su ingenua ambición por conquistar otros públicos, decidió invitar a músicos de prestigio internacional del *jazz*, el *R&B* y el *rock*, empezó a coquetear con la *disco music* y el *funky*, fichó todas las estrellas posibles del universo salsero y, en definitiva, se adentró en una carrera frenética de comercialidad que, a la postre, terminó desvirtuando no sólo a las estrellas sino a casi toda la expresión.

Entre producciones buenas, mediocres y pésimas, la Fania All Stars publicó alrededor de treinta elepés entre 1971 y 1989. Su decadencia le llevó a la extinción, junto con la compañía discográfica.

DISCOGRAFÍA

Live At Cheetah. Vol. I y II (Fania 1972)
Tributo a Tito Rodríguez (Fania 1976)
Rhythm Machine (Fania 1977)
Spanish Fever (Fania 1978)

La Fania All Stars en una de sus múltiples reuniones. Varias generaciones, varios países, pero un único destino: la salsa.

El Gran Combo de Puerto Rico actuando en Madrid (España). Foto de Paco Manzano.

Gran Combo de Puerto Rico

He aquí una de las grandes instituciones de la música latina en general, y de la salsa en particular, El Gran Combo de Puerto Rico (EGC). Una orquesta que en 2002 cumplirá cuarenta años de existencia, cuarenta años de una historia musical intensa, exitosa y preñada de la propia historia del Caribe, pues EGC tiene en su repertorio un abanico temático comparable sólo al de la Sonora Matancera de Cuba. La vida cotidiana del Caribe, en cualquiera de sus múltiples aspectos, tiene una canción en el repertorio de EGC, desde la anécdota más trivial hasta la más trascendente, el amor, el desamor, la comida, la rumba, la navidad, la familia, los amigos, la pobreza, el vicio, el tambor, la política, la injusticia, la esquina, el barrio y, en fin, todo aquello que afecta a la vida, está presente en su repertorio a ritmo de salsa, pero también a ritmo de *boogaloo*, de plena, de bomba, de guaracha, de tango, de ranchera, de bolero, de *calypso*, de guaguancó y de lo que haga falta, porque EGC es una máquina musical que lo puede tocar todo.

Otra característica fundamental de esta orquesta es su insobornable vocación bailable. EGC nunca ha tenido la aspereza del sonido neoyorquino, pero sus arreglos y el empaste de los músicos ha funcionado siempre como una máquina de baile infalible. A ello ha contribuido, de forma decisiva, su permanente terna de cantantes que, al frente de toda la agrupación, realiza unas coreografías tan espectaculares y sabrosas que el público se contagia de inmediato y sin reservas.

El responsable de esta institución es Rafael Ithier, su pianista, arreglista principal y director, quien cuida de que todo funcione, tanto en lo musical como en lo organizativo.

La historia de esta orquesta se remonta a los años cincuenta, cuando la mayoría de sus fundadores pertenecía al combo de Rafael Cortijo, la gran institución *boricua* en la que se hizo famoso Ismael Rivera. Cuando este combo se disolvió, a finales de los años cincuenta, Rafael

Ithier y Rogelio "Kito" Vélez, a la sazón responsables del sonido y los arreglos del combo, decidieron reagruparse y continuar con el trabajo musical que ya había sembrado Cortijo. En esta reagrupación participaron Roberto Roena, como bailarín y percusionista, el conguero Martín Quiñónez, los saxofonistas Eddy Pérez y Héctor Santos, el bajista Mike Cruz, los soneros Pellín Rodríguez y Andrés "Andy" Montañez, entre otros. Con esta tropa se inició la legendaria carrera de EGC. Su primer elepé, *Menéame los mangos*, aún sonaba al estilo de Cortijo, pero a la isla empezaban a llegar los nuevos sonidos de Nueva York, y EGC empezó a asimilarlos de forma gradual y coherente en sus siguientes grabaciones. En 1967 publicaron *El swing del Gran Combo*, su sexto elepé, donde ya estaban metidos de lleno en la sonoridad que invadía todo el Caribe, aunque siempre con el sabor *boricua* inconfundible que lo diferenciaba del sonido de La Gran Manzana. A partir de aquí, EGC inicia una carrera imparable de éxitos, presentaciones y giras internacionales, que ha mantenido hasta la actualidad. En sus cuarenta años de sabor y sentimiento, ha producido cincuenta elepés.

Discografía

Acángana (Gema 1964)
El swing del Gran Combo (Gema 1967)
Boogaloos (Gema)
Disfrútelo hasta el cabo (EGC 1974)
La universidad de la salsa (Combo 1983)
30 Aniversario, bailando con el mundo (Combo 1992)

HÉCTOR LAVOE

Héctor Juan Pérez, La Voz, El Cantante de los cantantes, el Rey de la puntualidad, el Jibarito de Machuelito, HÉCTOR LAVOE. Éste es un nombre que se tiene que escribir en mayúsculas, porque pertenece al cantante salsero por excelencia, es decir, a un héroe que sintetiza en su obra y su vida la tragedia latina con todos los ingredientes: pobreza, riqueza, amantes, traiciones, droga, rumba, desesperanza, incomprensión, risas y penas, barrio, fama y breve existencia. Éste es el menú de sus cuarenta y siete años de existencia, pero, sobre todo, de sus treinta como cantor del barrio.

Lavoe nació el 30 de septiembre de 1946 en Ponce, Puerto Rico, y murió el 29 de junio de 1993 en Nueva York, ciudad a la que llegó con diecisiete años, dispuesto a triunfar como cantante.

Como muchos jóvenes caribeños, Héctor se inició en los secretos del tambor, pero su admiración por cantantes como Daniel Santos le hicieron decidirse por el canto. Del estilo de Daniel Santos, El Jefe, Lavoe asimiló el tumbao callejero y malandrín que, en su caso, lo diferenciaron del resto de cantantes salseros. Lavoe desarrolló un estilo propio e inimitable que se correspondía con la tendencia *cantabile* de los años sesenta, aquella que decía las canciones con el lenguaje y los guiños de la calle, exigiendo del cantor sencillez y contundencia, melodía y frontalidad.

Entre 1963 y 1967, Lavoe afila su montuno con las orquestas de Francisco Ángel Bastar "Kako", Tito Puente y Tito Rodríguez, es decir, la vieja guardia que, a la sazón, ya estaba entrando en la decadencia. Eran los músicos que conocían los secretos del mambo, pero no los del barrio, y éstos sí se los sabía Lavoe de memoria.

Según Jorge Luis Borges "el azar no existe, todo encuentro casual es una cita", y esto se cumple a cabalidad en el encuentro de Héctor Lavoe con Willie Colón, el otro príncipe que tenía las llaves del barrio, un personaje con las mismas características de Lavoe y que, en lugar de cantar con la garganta, lo hacía con el trombón, el instrumento distintivo de la salsa.

Con Colón, Lavoe se dio a conocer en el barrio e internacionalmente. Grabaron su primer disco, *El Malo*, en 1967, y con él marcaron de forma clara las características fundamentales del "sonido Nueva York" de la música latina que, unos años más tarde, se conocería en todo el mundo como *salsa*.

Con la orquesta de Colón, Lavoe estuvo hasta 1973 y grabó diez álbumes. Diez años más tarde, volvió a cantar para la orquesta de Colón en el álbum *Vigilante*.

Como estrella de la Fania, participó en el legendario concierto del Cheetah, además de las giras internacionales por América, África y Europa, grabando un total de diez elepés. En 1975 se lanzó como solista y publicó *La Voz*, un disco producido por Willie Colón, y un año más tarde, *De ti depende*, un larga duración que incluiría uno de sus hitos artísticos, el tema "Periódico de ayer", compuesto por *Tite* Curet.

Como solista, Lavoe grabó diez elepés hasta 1987, año en que acabó su carrera. En realidad ya la había acabado antes, pues los desórdenes de su vida personal, la tragedia familiar y la vaina lo venían acosando desde hacía veinte años. La historia personal y artística de Lavoe tiene los mismos síntomas que la historia de otros héroes de la cultura popular como Carlos Gardel, Jimi Hendrix, Benny Moré, Janis Joplin, Camarón de la Isla, Franco (el cantante africano, no el Generalísimo), Billy Hollyday, Bob Marley, Peter Tosh y..., no se asusten, Diego Armando Maradona.

DISCOGRAFÍA

El Malo (Fania 1967)
Guisando (Fania 1969)
Lo mato (Fania 1973)
De ti depende (Fania 1976)
Comedia (Fania 1978)
El Sabio (Fania 1980)

Arriba, Héctor Lavoe en la madurez de su carrera. Abajo, en sus inicios con Willie Colón, disfrazados de presidiarios y en la calle promocionando el álbum *La Gran Fuga*. Fotos de Izzy Sanabria.

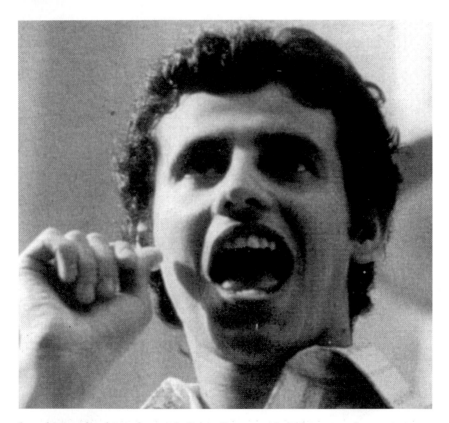

Ismael Miranda, el niño bonito de Puerto Rico, uno de los cantores salsosos más caris-
máticos. Malicia, sabrosura y conciencia de barrio.

Nacido el 20 de febrero de 1950 en Aguada, Puerto Rico, y conocido como "el niño bonito de Puerto Rico", este cantante pertenece a la saga de los salseros de marca, la misma que Héctor Lavoe, Ismael Quintana y Cheo Feliciano.

Ismael Miranda estudió canto, solfeo y percusión. A los once años ya hacía sus primeros pinos en la onda musical, pero pronto emigró a Nueva York, donde trabajó inicialmente como percusionista. En 1966, en plena apoteosis del *boogaloo*, grabó su primer disco con la orquesta de Joey Pastrana y pegó fuerte con su tema "Rumbón melón". Al año siguiente lo fichó el pianista Larry Harlow y grabó *El exigente*, un álbum de *boogaloos* que ya dejaba intuir los derroteros sonoros que seguirían, en el horizonte salsero, tanto la orquesta de Harlow como el estilo *cantabile* de Miranda.

Con estos dos álbumes, Miranda empezó a ser conocido y admirado por toda la juventud latina de Nueva York y, más exactamente, por la gente del barrio. Su cara aniñada, su acento marginal, su procedencia y su estilo musical conectaban de forma inequívoca con las características de los héroes juveniles que pedían los *nuyoricans*. En lo estrictamente musical, Miranda respondía a las exigencias del momento, a la necesidad que tenía la comunidad latina de romper con el tumbao tradicional y ponerle un acento propio a la música del barrio, la que hablaba de sus urgencias vitales, tal y como lo estaban haciendo Willie Colón, Joe Bataan, Ray Barretto y Héctor Lavoe, entre otros.

Con su popularidad establecida, Miranda formó parte del gran concierto de la Fania All Stars en el Cheetah. En esta memorable cita, la Fania se presentó con siete cantantes, de los que sólo tres pertenecían a la expresión salsera más rancia: Héctor Lavoe, Bobby Cruz y Miranda.

Miranda ayudó a definir el estilo de la orquesta de Harlow y a que ésta se pusiera en los primeros lugares de preferencia. Trabajaron juntos hasta 1973, grabando un total de nueve elepés y pegando fuerte con temas como "Abran paso", "Tumba y bongó", "Señor sereno", "Guasasa", "Tu cosita, mami" y "El exigente".

Ya desligado profesionalmente de Harlow, Miranda montó en 1973 su propia orquesta, La Revelación, una banda contundente y con todos los papeles salseros en regla, pero con la que, desgraciadamente, sólo grabó un elepé, el imprescindible *Así se compone un son*.

Tras el éxito de este álbum, Miranda continuó su carrera en solitario, pero ligado a Fania Records, compañía con la que realizó, hasta 1986, unos quince elepés. En 1984 grabó un álbum con la decana de las orquestas de Cuba, la Sonora Matancera, una formación que, en sus setenta y cinco años de historia, se ha distinguido por su excelsa nómina de cantantes latinoamericanos.

Desde finales de los años ochenta hasta la actualidad, nuestro héroe produce discos irregulares y envenenados por el virus del *pop*, un estilo que, afortunadamente, le queda pequeño a Miranda.

DISCOGRAFÍA

Let's Ball (Cotique 1966)
El exigente (Fania 1967)
Abran paso (Fania 1972)
Así se compone un son (Fania 1973)
No voy al festival (Fania 1977)

Nacido el 5 de octubre de 1931 en la calle Calma, de Santurce, Puerto Rico, y fallecido 56 años después, el 13 de mayo de 1987, Ismael Rivera, más conocido como Maelo, reunió todas las características de la leyenda popular: origen humilde, conciencia social, talento artístico, sentido poético, fiel, valiente y temerario, signos que se descubren en cualquiera de sus canciones y fueron inamovibles durante toda su carrera.

Maelo se inició profesionalmente en los años cincuenta en la Orquesta Panamericana, de Lito Peña, grabó un disco con esta agrupación y, al poco tiempo, lo fichó como cantante su compadre y amigo del alma, Rafael Cortijo. En aquellos años, el nombre de Cortijo se escribía el doble de grande que el de Ismael Rivera, pero ahora estos dos nombres tienen la misma grandura, aunque el de Rivera es más popular e internacional. En este combo, Ismael Rivera conoció, compartió escenario y aprendió los trucos del bonche con músicos que más tarde fueron, y son, leyendas de la alegría del Caribe y del mundo, como Rafael Ithier, pianista y fundador del mítico Gran Combo de Puerto Rico; Roberto Roena, bongocero y posterior líder de su banda Apollo Sound y figura destacada de las estrellas Fania. Otros músicos de esta escuela fueron Sammy Ayala, Kito Vélez, Miguel Cruz, Esteban Papitín, Eddie Pérez y Nelson Pinedo.

Maelo y Cortijo son a la bomba y la plena de Borinquen (Puerto Rico) lo que Arsenio Rodríguez es al son cubano y lo que Johnny Ventura y Juan Luis Guerra son al merengue dominicano; ellos revolucionaron el sonido folclórico de la bomba y la plena, sin matar su esencia afroboricua, le agregaron vientos recios, piano y unos arreglos cuidados y excitantes. Esto hizo que dichos ritmos saltaran las fronteras de Borinquen y pusieran a gozar a todos los países del Caribe y a los latinos residentes en EE.UU. Luego, este estilo contagioso ayudó a incubar la Salsa de los años sesenta y setenta.

Maelo cantó para Cortijo durante doce años, después montó su propia orquesta, Los Cachimbos, con la que se consolidó definitivamente en el sonido salsero y de forma muy personal en el bolero.

Ismael Rivera es conocido en algunos círculos como Maelo, pero su mote más popular es EL SONERO MAYOR y se lo puso el mismísimo Benny Moré, pues Rivera tenía una capacidad extraordinaria y singular para improvisar ("El son montuno, caballeros, yo lo vacilo a mi antojo.") , y esta virtud contenía sentimiento, sentido rítmico y melódico, y algo único en él, era capaz de meter veinte veinticinco sílabas allí donde los más capaces sólo metían diez catorce. El gran Benny no se equivocó, Ismael Rivera era y sigue siendo el Sonero Mayor.

En su etapa neoyorquina, Maelo se destacó por su generosidad y rebeldía. En el primer caso, solía apoyar y dar consejo a los músicos jóvenes. Uno de éstos fue el panameño Rubén Blades, a quien incluso ocultó en su casa cuando éste estaba ilegal y sin blanca. En cuanto a su rebeldía, Maelo, al igual que Eddie Palmieri, siempre le plantó cara a la industria musical, principalmente al monstruo salsero de la Fania.

El musicólogo colombiano César Pagano escribió una vasta y gozona biografía de Ismael Rivera en la que, a lo largo de ciento setenta páginas, se narra la epopeya de este héroe del Caribe contemporáneo.

DISCOGRAFÍA

Encores de Cortijo (Tropical)
Bueno y qué…? (Gema)
Con todos los hierros (Tico)
Traigo de todo (Tico 1974)
Eclipse total (Tico 1975)
Soy feliz (Vaya 1975)

Arriba, Ismael Rivera, el sonero mayor. Abajo, fachada de su casa en Puerto Rico. "Yo le canto una *guaracha*, una rumba, vacila mi rumba, Ramón." Foto de Gary Domínguez.

Joe Arroyo, el salsero más original que ha surgido en Colombia.

JOE ARROYO

Colombia es un país que ha gozado la música cubana, con una pasión que sorprende y seduce a los propios cubanos. Y aunque su población negra sea sólo de un 1%, tiene en su folclore varios ritmos de raíz afroide como la cumbia, el mapalé, el chandé y otros híbridos que son afines al complejo de la rumba cubana. A esta tradición pertenece Joe Arroyo, el más creativo y singular músico colombiano en el terreno de la salsa.

Álvaro José Arroyo González nació el 1 de noviembre de 1955 en Cartagena, región caribeña de Colombia. Además de su origen africano, Arroyo reúne todas las circunstancias vitales de la salsa: origen humilde, crianza marginal urbana, generación de los años sesenta, sentido del ritmo y gran inclinación por la música como medio de sustento.

Arroyo se inició a los ocho años en el conjunto musical de Mincho Anaya, con el que estuvo cuatro años. En 1967, con sólo doce años, fue contratado por otro grupo que amenizaba los bailes de un burdel del barrio Tesca de Cartagena. Aquí empezó la otra carrera de Joe, la de los bajos fondos, donde, por su edad y talento artístico, era considerado un ídolo, especialmente entre las prostitutas.

Transcurrían los años dorados del *boogaloo* y el *jala-jala* de Richie Ray, un sonido que, en Colombia especialmente, tuvo gran aceptación juvenil, e influiría definitivamente en las primeras composiciones e interpretaciones de Arroyo.

Después de abandonar los bajos fondos de Cartagena, Arroyo se trasladó a Barranquilla, donde cantó durante un año con la orquesta La Protesta, hasta que fue descubierto por Isaac Villanueva, el A&R de la compañía Discos Fuentes de Medellín. Villanueva lo contrató como cantante de la agrupación Fruko y sus Tesos, la orquesta que revolucionó en los años setenta la música bailable colombiana, introduciendo el lenguaje urbano y el sonido callejero en sus temas. Arroyo se afianzó en el montuno y en la composición, y dio a Fruko dimensión nacional e internacional durante diez fructíferos años. A esta primera época de su carrera pertenecen temas tan exitosos como "Cara de payaso", "Lloviendo", "El caminante" y "Tania".

Además de compositor, Joe poseía una voz de tenor, aguda y cristalina, con un timbre muy singular y profundo. Esto hacía que sus servicios como cantante se los disputaran las jóvenes orquestas del país y, antes de formar la suya propia en 1981, grabó con The Latin Brothers y la orquesta Los Líderes. Con la primera compuso y pegó el tema "Patrona de los reclusos", una composición que devino himno carcelario y que se gozaba plenamente en cualquier rumba.

En 1981 Arroyo se estableció en Barranquilla, su segunda patria chica, fundó su orquesta La Verdad y empezó a producir su obra más internacional. Arroyo sumerge entonces su música en los ritmos afrocolombianos e investiga y asume otros de las Antillas, como el *zouk* y la *socca*. El resultado es fresco e impactante. Ésas serán sus señas de identidad musical desde entonces, y con ellas ha conseguido un reconocimiento internacional sin precedentes en el caso colombiano, tanto en el ámbito de la salsa como en el mundo de la llamada música étnica.

Hasta la actualidad, Joe Arroyo ha grabado casi treinta elepés, incluidos los de su etapa con Fruko y sus Tesos (1972-1979). En 1991 fichó por la multinacional Sony, pero a estas alturas su talento se ha visto menguado a causa de desórdenes personales, desórdenes que le han tenido en más de una ocasión al borde de la muerte.

Discografía

El caminante (Fuentes 1974)
Full salsa pa la gente rumbera (Fuentes 1976)
El cocinero mayor (Fuentes 1979)
Arroyando (Fuentes 1981)
Me le fugué a la candela (Fuentes 1985)
Echao pa'lante (Fuentes 1987)
La guerra de los callaos (Fuentes 1990)

Joe Cuba

Joe Cuba, cuyo nombre real es Gilberto Calderón, nació en Nueva York el 22 de abril de 1931. Hijo de emigrantes puertorriqueños y habitante-militante de El Barrio, Joe Cuba forjó una de las páginas históricas de la música latina en Nueva York. En los años cuarenta, tocó con el pianista Noro Morales, con Marcelino Guerra y con el conjunto Alfarona X, hasta que formó su famoso sexteto en 1954.

Diez años antes de que el sonido salsero empezara a concretarse, Joe Cuba ya insinuaba en su trabajo el norte y el golpe que se avecinaba. Con un formato austero de sólo seis miembros, Cuba logró una sonoridad completa, excitante y brava para cantar-reivindicar la vida del barrio. La principal novedad de este sexteto fue la introducción del vibráfono, a las órdenes de Tommy Berrios, mientras que los otros cinco elementos fueron: Nick Jiménez al piano, Jimmy Sabater al timbal, Jules "Slim" Cordero al bajo, Joe Cuba a la conga, y Cheo Feliciano cantando y soneando.

Los temas de este sexteto sorprendían por la eficacia del formato; la rabia, el amor y la guapería estaban presentes en cada corte de forma coherente: en los arreglos, en la forma de tocar los instrumentos, en las letras y, en conjunto, por un ritmo contagioso y excitante para el baile y el vacilón.

Los músicos de Joe Cuba Sextet demostraban que en música lo que cuenta es tener algo vívido que decir y no la cantidad de instrumentos o la formación y virtuosidad de los músicos. En sus primeras grabaciones eran evidentes las carencias técnicas de los instrumentistas, pero esta evidencia quedaba en un segundo plano ante la fuerza, la honradez, la alegría y la rabia del combo a la hora de atacar cada tema. Esta misma "carencia" la tuvieron muchos músicos y orquestas del movimiento salsero, pero como ya hemos señalado en este libro, el sonido "pobre" o "barato" era, de suyo, legítimo en una expresión nacida en el barrio. En este sexteto se inició Cheo Feliciano como cantante sonero, cantó para Joe Cuba durante diez años y, más tarde, conquistó la gloria con las Estrellas Fania, y con su propia orquesta.

A principios de los años sesenta, Joe Cuba enfiló el ritmo de la pachanga con gran fuerza y acierto, llegando a ser uno de los grupos más solicitados por los bailadores. A mediados de la década, asumió la moda del *boogaloo* y llegó a vender, al igual que Ray Barretto y Tito Rodríguez, más de un millón de copias de sus discos. Con sus temas "Bang, Bang" y "El pito" hizo tambalear el *soul* y otros ritmos anglosajones que se disputaban el mercado latino y afroamericano. En esos años, la comunidad latina empezaba a tener una presencia muy incómoda para el Tío Sam y, de repente, el barrio apareció infestado de heroína con todas sus nefastas consecuencias; la comunidad perdió fuerza, los músicos cayeron en el vicio y el imperio ganó tranquilidad.

El *boogaloo* quedó eclipsado por el nuevo sonido de la salsa. Joe Cuba trató de adaptarse a la nueva expresión, pero no logró destacar. Hizo experimentos con el *latin-funky*, en el que grabó alguna pieza curiosa y nada más. Sin embargo, su música grabada y gozada hasta finales de los años sesenta está ahí, como un testimonio sonoro que permite entender la génesis de la salsa y las urgencias y alegrías del Caribe de ayer y hoy.

DISCOGRAFÍA

Stepping Out (Seeco 1964)
Digging The Most (Seeco 1964)
Estamos haciendo algo bien (Tico 1966)
Bang, Bang, Push, Push, Push (Tico 1966)
My Man Speedy (Tico)

Joe Cuba Sextet. En el centro, inclinado, Joe Cuba rodeado de su comando rítmico.

Johnny Pacheco. Aunque en esta foto parezca un *broker* (que lo es), en el escenario recupera la compostura.

JOHNNY PACHECO

El nombre de Pacheco por sí solo es sinónimo de salsa, de Fania, de Caribe y, sobre todo, de sabrosura. Pacheco es el "hombre orquesta" de nuestra cosa latina, pues desde 1951 ha pasado por todos los recovecos de la rumba; ha sido percusionista, flautista, clarinetista, corista, compositor, director de orquesta, productor, empresario discográfico, bailador, cazatalentos y *broker* de cientos de músicos. Para bien, y para mal, la historia de la música latina generada desde Nueva York está ligada inexorablemente a su nombre. Pacheco no ha sido un vanguardista en términos musicales, pero siempre ha estado al pie del cañón de los diversos ritmos y modas que ha transitado la música latina: el mambo, el chachachá, el *latin jazz*, la pachanga, el *boogaloo*, la salsa y el son montuno.

Johnny Pacheco nació en Santiago de los Caballeros, Quisqueya, el 25 de marzo de 1935. A principios de los años cincuenta, emigró a Nueva York y, desde ese momento, gracias a su habilidad como multi-instrumentista, empezó a trabajar en la música. Prestó sus servicios en las bandas de Tito Puente, Tito Rodríguez, Xavier Cugat y Stan Kenton, entre otras.

El primer piquete que formó fue The Chuchulecos Boys, en compañía de los geniales Eddie Palmieri y Barry Rogers. Años más tarde, el propio Eddie lo puso en contacto con su hermano mayor, Charlie Palmieri, y juntos fundaron, en 1958, una de las charangas más célebres de Nueva York, la Dubonney. En esta agrupación, Pacheco se decantó definitivamente por el "bejuco", nombre que Pacheco le da a su flauta tercerola. La Dubonney obtuvo gran éxito y, un año más tarde, el flautista fundó su propia charanga. Hasta 1963, Pacheco grabaría siete elepés con el sello Alegre y, en 1964, fundó la compañía Fania Records, en sociedad con el abogado Jerry Masucci.

En principio, la idea de Pacheco era tener su propio sello discográfico para la fabricación y distribución de sus discos, pero terminó siendo, en los años setenta y ochenta, la compañía más importante de la música latina en toda su historia.

El primer álbum de Pacheco con su nueva compañía fue *Cañonazo* donde se incluía el tema que dio nombre al sello discográfico, "Fania", un son cubano tradicional compuesto por Reinaldo Bolaños. Este disco ya no pertenecía al formato de charanga, pues los nuevos aires que soplaban desde El Barrio imponían la sonoridad agresiva de los vientos y la percusión desgarrada. Pacheco, siempre atento a las demandas del momento, había cambiado la charanga por el formato de conjunto y lo llamó su "nuevo tumbao".

De 1965 a 1971, Pacheco se dedicó, de forma simultánea, a su actividad como músico, la producción de los jóvenes valores salseros y el desarrollo de la empresa discográfica. En agosto de 1971, se consolidó como máximo responsable musical y empresarial del gran acontecimiento de la salsa, el concierto de la Fania All Stars en el Club Cheetah de Nueva York. A pesar de sus múltiples actividades, en ese momento ya había publicado tres álbumes más con su nuevo tumbao, pero empezaba a sonar rezagado. La salsa estaba en plena ebullición y los que mandaban en el ambiente eran Willie Colón, Eddie Palmieri, Ray Barretto, Larry Harlow y, en fin, las orquestas y combos que sonaban nuevos, los que habían roto con la vieja guardia cubana y le cantaban a la gente las historias actuantes y sonantes del Caribe urbano más inmediato.

Pacheco era consciente de su desfase, pero no quería imitar la fórmula de los salseros y, al mismo tiempo, era incapaz de proponer nada nuevo, pues la experimentación y el vanguardismo nunca fueron su fuerte. En consecuencia, a la par que continuaba expandiendo el poderío Fania, viró hacia atrás, se refugió en el repertorio clásico cubano e hizo de su sonido una suerte de Sonora Matancera, actualizada con el *beat* de Nueva York. Se inauguró de esta forma un período regresivo conocido como "matancerizante", en el que no sólo Pacheco, sino también otros músicos, se dedicaron a desempolvar los viejos y clásicos temas de la música cubana.

A pesar de la claudicación y sequía creativa, Pacheco logró mantenerse en el ambiente con suficiente respaldo de los bailadores, pues, pasara lo que pasara, lo que nunca le ha fallado a Pacheco es su sentido del goce, del ritmo y del sabor, además de su infalible oportunismo. Así ha logrado mantenerse hasta mediados de los años ochenta, actuando y grabando discos con cantantes cubanos de la vieja guardia, como Monguito, Celia Cruz, Héctor Casanova, Celio González y Rolando Laserie. Su cantante más emblemático ha sido, sin embargo, su compadre Pete "Conde" Rodríguez. Otros cantantes y músicos destacados con los que Pacheco ha colaborado son Justo Betancourt, Elliot Romero, Rudy Calzado, Tony Díaz, Vitín López, Chivirico Dávila, Santiago Cerón, el pianista Papo Lucca, el violinista Pupi Legarreta y el flautista José Fajardo. Por su parte, Pacheco ha participado como flautista, corista y director de la Fania All Stars en algo más de veinte álbumes.

En la actualidad, Pacheco está semi-retirado del ambiente. Colabora de forma esporádica en las producciones discográficas de sus amigos y reúne, de vez en cuando, a los músicos de su "tumbao añejo" para dar algún concierto señalado y nada más. Además del medio centenar de discos grabados con sus orquestas, Pacheco tiene en su haber unas trescientas cincuenta producciones con Fania Records, donde se encuentra el *corpus* principal de la salsa, con lo mejor y peor de su historia.

DISCOGRAFÍA

Pacheco y su Charanga —cinco volúmenes— (Alegre 1960-1963)
Cañonazo (Fania 1964)
La perfecta combinación, Pacheco y El Conde (Fania 1972)
Celia y Johnny (Vaya 1974)
El Maestro (Fania 1975)
Los amigos, Pacheco y Casanova (Fania 1979)
El zorro de plata presenta al flaco de oro (Fania 1981)
De película. Rolando Laserie y Pacheco (Fania 1982)

Louie Ramírez. El cerebro oculto de la Fania, el músico completo, que produjo lo mejor de la expresión y sentó las bases de lo peor: la salsa-balada, es decir, la salsa-baladí.

LOUIE RAMÍREZ

Louie Ramírez no tiene, ni de lejos, la fama y el reconocimiento popular de un Rubén Blades o un Gilberto Santa Rosa. Sin embargo, es el músico más completo, talentoso y arriesgado que tuvo la expresión. Tanto la salsa brava como la blanda tienen una deuda enorme con este músico que, pese a su sabiduría, se mantuvo siempre al margen de las cegadoras luces de la fama y el estrellato.

Precisamente, muchas de las estrellas salseras deben parte de su éxito al trabajo silencioso (nunca peor dicho, tratándose de música) que Louie realizaba sobre el pentagrama y en los estudios de grabación, buscando el tono preciso para el cantante, cuadrando en clave determinada composición, dotando de estilo particular a una orquesta o cantante y, en fin, todo aquel trabajo interno e íntimo que otorga validez a la música. Un trabajo complejo y arduo al que Ramírez se dedicó durante algo más de treinta años y del que se beneficiaron, entre otros, músicos como Johnny Pacheco, Joe Cuba, Willie Rosario, Ismael Miranda, Tito Puente, Fania All Stars, Cheo Feliciano, Ray Barretto, Rubén Blades, Héctor Lavoe, y hasta el mismísimo Tito Rodríguez, para quien Ramírez realizó las orquestaciones del álbum *Algo nuevo* en 1971.

En total, las cifras de Ramírez en la salsa resultan escalofriantes: más de mil quinientos arreglos musicales y orquestaciones; algo más de cien participaciones directas como instrumentista de piano, vibráfono, timbal y percusión menor; y, por último, director y productor de veinticinco elepés con su propia orquesta. En suma, una obra monumental desarrollada en tan sólo treinta y tres años.

Louie Ramírez nació el 24 de febrero de 1941 en Nueva York, en el seno de una famila borin-cubana, o sea que era un *nuyoricuba*. Desde niño recibió una formación musical clásica y, a los siete años, ya tocaba piezas clásicas al piano, aunque sus gustos estaban determinados por la percusión afrocubana y el *jazz*. Era sobrino del célebre pianista *bori-*

cua Jorge Estévez, más conocido como Joe Loco, y fue este quien le dio la primera oportunidad de trabajar y grabar, entre 1958 y 1959, como vibrafonista y timbalero.

A principios de los años sesenta, en pleno auge de la pachanga, realizó el arreglo del tema "El güiro de Macorina" para la Charanga de Johnny Pacheco, obteniendo su primer gran éxito. El reconocimiento inmediato de sus dotes como arreglista y orquestador le convirtieron en el hombre más buscado por todos aquellos muchachos ávidos de tocar, pero que carecían de los secretos del mambo. Y la llave la tenía Louie Ramírez, que, encantado de la vida, como diría Benny Moré, se entregó por entero a las necesidades sonoras de su gente.

Su primer álbum con orquesta propia, *Introducing Louie Ramírez*, fue grabado en 1963 y, desde ese momento, compaginó la producción de sus discos con la ingente labor de arreglista, orquestador, productor y coproductor de toda la familia salsera. De 1971 a 1981, período completo del *boom*, trabajaba doce horas diarias en los estudios de Fania Records, produciendo unos veinte álbumes anuales.

En 1982, Louie Ramírez publicó el álbum *Noche caliente*, un compendio de baladas puestas en clave que, a la postre, se convirtió en la peor desgracia rítmica y cultural que le cayó encima a la expresión. Los detalles de ésta catástrofe están ampliados en el capítulo "Tírame la toalla, mi hermano" de este libro. En esta ficha sólo queríamos dejar constancia de la magnitud musical de este prohombre de la salsa que, víctima del corazón, nos abandonó una tarde de mayo de 1993, mientras circulaba con su carro por las calles de la babel de hierro.

DISCOGRAFÍA

Alí Babá (Fania 1968)
Más boogaloo, boogie, guaguancó (Mercury)
Louie Ramírez y sus amigos (Cotique 1978)
Salsero (Cotique 1981)
A Tribute To Cal Tjader (Caimán 1986)
The King Of Latin Vibes (Sugar 1991)

ÓSCAR D'LEÓN

Óscar Emilio León nació en Antímano, un barrio caraqueño de la República Bolivariana de Venezuela, el 11 de julio de 1943, pero pasó a llamarse artísticamente Óscar D'León, Óscar con acento en la á, a partir de 1977. El caso de este cantante es uno de los más controvertidos en términos salseros y musicológicos, pues su prolífica obra discográfica, cuarenta elepés, desde 1972 hasta 1999, se mueve entre el sonido tropical, la guaracha cubana al estilo de la Sonora Matancera, la salsa, el merengue e, incluso, algún pasodoble caribeñizado. Los salseros ortodoxos y recalcitrantes lo descartan por su sonido efectista y comercial, hecho a la medida de los bailadores menos exigentes, mientras que los cubanos lo consideran como propio y lo equiparan con... ¡Benny Moré!, y el público en general lo considera el rey de la salsa. Las tres opiniones son inexactas, pero algo de verdad contienen.

Oscár es hijo legítimo del Caribe urbano que parió la salsa y, como tal, pertenece con pleno derecho a la expresión, pero su música nunca ha participado del sonido áspero y *heavy* de la salsa neoyorquina. En sus discos deambulan los temas propios de la salsa: guapería, desamores, violencia, nostalgia y desarraigo, pero respaldados por una sonoridad típica bien empastada que colma las expectativas del bailador medio y no asume riesgos ni desplantes.

En 1983, Oscár desafió el bloqueo impuesto a Cuba y ofreció en la isla un concierto memorable. Allí interpretó su repertorio, pero también sus versiones de los temas clásicos del Trío Matamoros, Ignacio Piñeiro y Benny Moré. Versiones sin ninguna aportación, aunque arregladas de forma efectista y sandunguera, haciendo que los cubanos lo declarasen hijo adoptivo y "sonero mayor". Todo este malentendido era apenas obvio, pues en ese momento se daban todas las condiciones para que así fuera; los cubanos tienen la oportunidad de asomarse al mundo por donde más les gusta: la música, mientras el venezolano les canta su repertorio tradicional y, además, lo hace con una orquesta bien empastada para el baile y la gozadera descomplicada.

En cuanto a los títulos de "rey de la salsa", "león de la salsa" y "rey de los soneros", impulsados por los sellos discográficos y los promotores de sus conciertos, antes que favorecerle le menoscavan, pues, en realidad, Oscár es un excelente sonero, domina el montuno con agilidad y sabrosura, tiene un nítido y poderoso timbre, pero, en términos salseros, está por detrás de Lavoe, Miranda, Maelo, Cano Estremera, Justo Betancourt y tantos otros soneros cubanos y salseros.

De lo que no hay duda es que Oscár D'León es un gran profesional y un conocedor matemático del sabor. De aquí que su carrera sea una de las más sólidas y regulares del panorama salsero internacional. En el escenario, Oscár y su orquesta se emplean a fondo, suelen dar conciertos de tres horas y su ritmo alegre contagia hasta al más desganado.

Se inició como bajista y cantante de la orquesta Dimensión Latina, de Venezuela, en 1972. Con la Dimensión grabó siete elepés, hasta 1977. Éste año fundó la Salsa Mayor, orquesta con la que grabó cuatro álbumes. En 1978 montó La Crítica, orquesta que le dio sus números salseros más célebres y con la que grabó cinco elepés. Entrados los años ochenta, se apartó de La Crítica y organizó la Orquesta Oscár D'León. Ésta sería ya su formación estable hasta hoy.

Oscár D'León es conocido en los cinco continentes y su popularidad es equiparable a la de Celia Cruz, Tito Puente y Rubén Blades. Sin embargo, Venezuela cuenta con músicos y orquestas que, aunque poco conocidas internacionalmente, son de importancia esencial en la historia de la salsa. Entre éstas podemos destacar a Guaco, Nati y su Orquesta, Los Sigilosos, Grupo Madera, Orlando Watussi y Trina Medina.

DISCOGRAFÍA

Salsa Brava (TH 1976)
Con bajo y todo (TH 1977)
El Oscár de la salsa (TH 1978)
La Crítica de Oscár D'León (CLR 1979)
El sabor de Oscár (TH 1983)

Oscar D'León: salsero universal, de Venezuela "pa'to el mundo".

Ray Barretto: el rey de las manos duras. Foto de Antonio Narváez.

RAY BARRETTO

Conocido en el ambiente como "el rey de las manos duras", este *nuyorican* nació en Brooklyn el 29 de abril de 1931, y ya de mayor, como dice su famoso "Watusi", *mide siete pies y pesa ciento sesenta y nueve libras*. Con cincuenta años de carrera artística en sus manos, Ray Barretto ha transitado, de forma destacada, por el *jazz*, el *R&B*, la pachanga, el *boogaloo* y la salsa. También ha tenido incursiones fugaces en el *rock* y en la llamada salsa romántica, pero en lo que no ha variado nunca es en su especialidad instrumental, la percusión mayor ejecutada sobre el *set* completo de tumbadora, quinto y conga.

Desde que empezó a interesarse por la música, la vocación de Barretto se volcó en la percusión. Admirador de Chano Pozo y Tata Güines, por la parte cubana, y de Count Basie y Duke Ellington, por la parte jazzística, Barretto se dedicó al estudio del tambor a la vez que asistía a cuanta *jam session* se organizaba en los clubes nocturnos del Bronx. En estas descargas se empapó a fondo del lenguaje del *jazz* que, unido a su temperamento latino, le permitió tocar en sus inicios con varios de los *jazzmen* más importantes, entre ellos Charlie Parker, Max Roach y Art Blakey. Con esta tremenda escuela en su currículum, tocó y grabó, posteriormente, con Dizzy Gillespie, Herbie Mann y Chick Corea.

Su carrera netamente latina la desarrolló en las orquestas de José Curbelo y Tito Puente, hasta que decidió montar su propia orquesta hacia 1960. Es la hora de la pachanga, y su primer elepé se tituló *Pachanga With Barretto*. Con esta formación, grabaría dos discos más en el sello Riverside. Para entonces, Barretto ya era suficientemente conocido en el ambiente, formó la Charanga Moderna, una orquesta típica aumentada con trompeta y con el instrumento que empezaba a imponerse en la sonoridad del barrio, el trombón. En la Moderna grabó piezas memorables, como "Descarga criolla", "Trompeta y trombón", "Rareza en guajira", "Descarga del barrio", "Fuego y pa'lante", "Salsa y dulzura", y el tema que le catapultó, el "Watusi", una composición que anunció el advenimiento, pasión y muerte del *boogaloo*. El "Watusi" logró, por primera vez en la historia de la música latina, vender más de un millón de copias, pero este éxito trastocó de forma significativa la carrera de Barretto, que tuvo que fajarse a fondo para demostrar que una cosa era el "Watusi" y otra el caudal musical de Barretto.

A mediados de los años sesenta, Barretto fue fichado por la naciente compañía Fania Records, vinculándose de forma definitiva a la salsa. Grabó el albúm *Acid* y, en 1971, formó parte de la Fania All Stars en el mítico concierto del Cheetah.

Entre 1968 y 1977, Barretto grabó diez álbumes con Fania, destacando *Que Viva La Música, Barretto* y *Tomorrow*. Entre 1977 y 1980, fichó por el sello Atlantic y se alejó, temporalmente, de la salsa. Grabó tres discos en una onda más experimental, dentro del campo del *latin jazz* y el *R&B*, y regresó al sonido del barrio y a la Fania con un elepé esencial: *Rican Struction*, uno de sus trabajos más elaborados. A partir de aquí, participó en todo el engranaje de Fania Records y grabó, hasta principio de los años noventa, una docena de elepés de factura irregular. La crisis y decadencia del movimiento salsero le hicieron volver a los fueros del *latin jazz*, donde se mantiene hasta la actualidad.

DISCOGRAFÍA

Charanga Moderna (Tico 1963)
Que viva la música (Fania 1972)
Indestructible (Fania 1973)
Barretto (Fania 1975)
Tomorrow (Atlantic 1976)
Rican Struction (Fania 1980)
Tremendo trío: Celia-Ray-Adalberto (Fania 1983)

RUBÉN BLADES

Rubén Blades nació en Ciudad de Panamá el 16 de julio de 1948. Desde muy joven le metió mano a la percusión y, mientras estudiaba Derecho en la universidad, se puso a escribir tanto canciones comprometidas con la denuncia de las injusticias sociales de América Latina como otras que exaltaban algún aspecto sencillo de la cultura popular o de la música. Desde sus primeras composiciones, Blades se manifestó como un poeta urbano de gran sensibilidad y talento. Conocía las leyes de la esquina y el barrio, pero no sucumbió al vacilón. Gracias a este talante suyo, la salsa ganaría, años más tarde, uno de sus valores más universales y sabrosos.

Su primera grabación ocurrió en Panamá, con Los Salvajes del Ritmo en 1967. Dos años más tarde, viajó a Nueva York, el epicentro de la salsa, con todas sus composiciones bajo el brazo, y dispuesto a hacerse un sitio en la escena salsera. Ese mismo año, logró grabar su primer gran trabajo con la orquesta del pianista Pete Rodríguez, un disco titulado *De Panamá A Nueva York*, conteniendo nueve obras de propia cosecha, entre ellas, "Juan González" y "Descarga Caliente", el primer tema de Blades que tuvo cierta difusión radiofónica en América Latina.

En 1971, regresó a Panamá para terminar su carrera universitaria y, en 1974, volvió a Nueva York con su título de abogado bajo el brazo y nuevas composiciones. Mientras esperaba su oportunidad como cantante, compuso temas para los salseros consagrados: "Guaguancó triste", para Richie Ray & Bobby Cruz; "Cipriano Armenteros", para Ismael Miranda; "Amor pa'qué", para el Conjunto Candela; "No vuelvo más", para Cheo Feliciano; "Tambó", para Pete "Conde" Rodríguez; "What Happened", para Bobby Rodríguez; "Para ser rumbero", para Roberto Roena; y "Vuelve Cipriano", de nuevo para Miranda. También grabó varios temas con Ray Barretto ("Guararé"), con Willie

Colón ("El cazanguero") y con la Fania All Stars ("A los muchachos de Belén"), entre otras colaboraciones.

En 1977 ingresó en la orquesta de Willie Colón y grabó el elepé *Metiendo mano*, con el que Colón le dio la alternativa definitiva en el ruedo salsero. El disco revolucionó el ambiente, pero no sería hasta el siguiente álbum, *Siembra*, grabado en 1978, cuando Rubén daría el golpe decisivo. En este elepé venía "Pedro Navaja", el tema más exitoso e internacional de la historia de la salsa, y Blades-Colón se convirtieron en la pareja más importante del sello Fania y de la salsa en general, toda vez que su obra representaba una bocanada de aire fresco en el ya trillado y decadente ambiente salsero. Con Blades, la expresión se fortaleció en toda América Latina, ganando nuevos adeptos para la causa.

El tándem Blades-Colón se mantuvo hasta 1981, con un total de cuatro álbumes grabados, incluida la banda sonora de la película *Last Fight*, producida por el frustrado cineasta Jerry Masucci.

En 1983, Blades montó el grupo Seis del Solar, con el que inauguró una nueva etapa de su próspera carrera. El primer álbum del nuevo proyecto fue publicado en 1984 con el título de *Buscando América*, un trabajo con una nueva sonoridad, más elaboración musical, pero menos pegada, pues ya no era el sonido agrio e hiriente de la orquesta de Willie Colón.

A partir de aquí, Rubén Blades se ha movido en busca de una sonoridad más personal, alejada de los parámetros salseros, con discos irregulares, aunque abiertos a otras tradiciones sonoras de América Latina. Un trabajo respetable, pero que ya no pertenece a la salsa de forma categórica. Este período, que llega hasta el día de hoy, está marcado también por el polifacetismo de un Blades que no parece saber con certeza lo que quiere, moviéndose entre la política, el cine, la literatura y la música. De cualquier forma, su obra salsera constituye, hoy por hoy, uno de los patrimonios más importantes de la expresión y de la cultura del Caribe urbano.

DISCOGRAFÍA

Metiendo mano (Fania 1977)
Siembra (Fania 1978)
Maestra vida (Fania 1980)
Buscando América (Elektra 1984)
Crossover Dreams (Elektra 1985)

Rubén Blades: el poeta urbano y comprometido de la salsa. Compositor, cantante, actor, director de orquesta, político…

Quique Lucca y Papo Lucca, fundador y director de la Sonora Ponceña, respectivamente. Foto de Abili Roma.

SONORA PONCEÑA & PAPO LUCCA

El formato orquestal conocido como "sonora" se caracteriza porque su sección de vientos recae exclusivamente en las trompetas; dos, tres o cuatro trompetas que participan a coro o por separado en los distintos tramos del tema, sirviendo de puente y, principalmente, abriendo los mambos. Este formato se extendió y se hizo popular a raíz del gran impacto, musical y bailable, que tuvo en toda América Latina la Sonora Matancera de Cuba en los años cincuenta. Florecieron "sonoras" en Colombia, Venezuela y Puerto Rico, pero la más importante, y la única que ha sobrevivido, es la Sonora Ponceña.

Esta orquesta no sólo posee uno de los repertorios salseros más importantes, sino que ha aportado a la expresión uno de los pianistas más geniales del Caribe, su director Enrique "Papo" Lucca, que ha tenido que alternar su trabajo en la Ponceña con su participación en los mejores momentos de la Fania All Stars, además de ejercer como arreglista y productor de otros músicos, tanto en Puerto Rico como Nueva York, así en la salsa como en el *latin jazz*.

Papo Lucca nació en Ponce, Puerto Rico, el 10 de abril de 1946, y desde los cinco años exhibió sus dotes para la música, especialmente en la percusión y el piano. Su padre, don Quique Lucca, músico y director del Conjunto Internacional, brindó a su hijo una completa formación musical con la esperanza de convertirlo en el pianista de su orquesta.

La Sonora Ponceña se fundó en abril de 1954 y, tres años después, presentó al vástago de don Quique como pianista oficial de la agrupación. En 1959, con sólo trece años, Papo grababa su primer solo de piano en un disco de 78 r.p.m. Poco después, se convirtió en el director y arreglista de la orquesta, pasando don Quique a ocuparse de la administración y el *management* general de la misma.

Ahora mismo, la Ponceña tiene a sus espaldas cuarenta y cinco años de fructífera carrera, con algo más de treinta elepés, múltiples presentaciones internacionales y un amplio abanico de cantantes que ha militado en sus filas: Pedro Ortiz Dávila (Davilita), Luigi Texidor, Miguel Ortiz, Yolandita Rivera, Toñito Ledeé, Héctor "Pichi" Pérez, Manuel "Mannix" Martínez, Edwin Rosas, Luisito Carrión y Tito Gómez, además de la grabación de un exquisito y salsoso elepé con Celia Cruz, en 1979.

En sus inicios, la Ponceña era una orquesta de baile, con un repertorio tradicional, basado en la guaracha cubana y algunos ritmos de Borinquen. Así se mantuvo hasta 1965, año en que ingresó como cantante el gran sonero Luigi Texidor. Por esa época, soplaban desde Nueva York los nuevos y convulsivos sonidos del barrio. Papo Lucca no se lo pensó dos veces y empezó a transformar el sonido tradicional de la orquesta hacia el *beat* salsoso. El cambio fue efectivo y, pese a no contar en su sonoridad con el "imprescindible trombón", su empaste y arreglos se correspondían con el sonido urbano reglamentario, pues la tradición cubana de la Ponceña provenía de Nueva York, de la obra e influencia del gran Arsenio Rodríguez, el "cieguito maravilloso", que partió la historia de la música cubana en dos, antes y después de él.

En 1968 publicó el álbum *Hacheros pa un palo* y, en 1969, *Fuego en el 23*. A partir de este momento, la Ponceña se convirtió en una referencia obligada de la salsa, tanto para Nueva York como el resto del Caribe y América Latina. A principios de los años setenta, se presentó en Nueva York y obtuvo un éxito clamoroso. Papo Lucca encandiló a Johnny Pacheco, y pasó a ser uno de los invitados estelares de la Fania All Stars.

Con el advenimiento de la catástrofe rítmica de mediados de los años ochenta, la Ponceña se vio envuelta en los líos de la salsa blanda. Sus producciones de finales de los años noventa son muy irregulares, pero en directo sigue siendo una de las agrupaciones con mayor pegada.

DISCOGRAFÍA

Fuego en el 23 (Inca 1969)
Desde Puerto Rico a Nueva York (Inca 1972)
Explorando (Inca 1978)
La ceiba, con Celia Cruz (Vaya 1979)
Jubileo (Inca 1985)

Conocido como el "rey del timbal", Tito Puente representa una de las máximas figuras de la música latina. Desde los años cuarenta, Tito ha participado, de forma brillante, en todos los ritmos, inventos y movimientos de "nuestra cosa", pero los ritmos que más le han interesado son los afrocubanos y el *latin jazz*. La fuerza de los acontecimientos, las modas y el billete son las únicas causas por las que Puente ha tocado ritmos como la pachanga, el *boogaloo* y la salsa. Lo suyo ha sido, y será, el mambo y el chachachá. De todas formas, esté donde esté, la música de Puente destaca por su elaboración, su limpieza en la ejecución, su ritmo endiablado y, sobre todo, por los golpes magistrales de su timbal.

Tito Puente posee una gran formación musical; fue alumno destacado de la Julliard School of Music, donde estudió piano, composición, contrapunto y dirección de orquesta, entre 1945 y 1948, aunque, al margen de la academia, como todos los grandes instrumentistas, Tito fue un estudioso permanente y autodidacto de la música en general, y de los ritmos latinos en particular. Además del timbal, es un reconocido intérprete del vibráfono, instrumento con el que tiene diversas grabaciones antológicas. Por su historial, se entiende que Tito no haya visto nunca con buenos ojos los fenómenos musicales contestatarios y alternativos, como es el caso de la salsa, pues lo suyo no es la sociología, sino la música sin aditivos.

Ernesto Antonio Puente (Ernesto Puente Jr.), hijo de emigrantes puertorriqueños, nació el 20 de abril de 1923 en el East Harlem neoyorquino, es decir, El Barrio. De niño recibió clases de piano, pero sus orígenes afroboricuas lo impulsaron, sin contemplación, al ritmo pesado. En sus inicios se dedicó a la batería y, como tal, empezó profesionalmente a la edad de dieciséis años, en la orquesta del legendario pianista puertorriqueño Noro Morales.

A principios de los años cuarenta, Tito prestó el servicio militar en la Marina norteamericana, y en altamar entró en contacto con el *jazz*.

Al regresar a Nueva York, se matriculó, en la Julliard y tocó en la orquesta de José Curbelo, donde cantaba Tito Rodríguez, el otro Tito con el que escribiría, en la década de los cincuenta, las páginas y los duelos musicales más excitantes del *Palladium Ball Room*. Más tarde, fue director musical en la orquesta de Pupi Campo, hasta que, en 1948, decidió montar su primer piquete, la orquesta The Picadilly Boys, con la que grabó dos de sus temas más célebres: "Ran Kan Kan" y "Picadillo".

En sus cincuenta y dos años de carrera con orquesta propia, Tito ha grabado cerca de ciento diez elepés, ha ganado cuatro premios Grammy y fue la punta de lanza para el relanzamiento de las carreras artísticas, en Estados Unidos, de las cantantes cubanas Celia Cruz y La Lupe.

Como timbalero no ha tenido rival, y como vibrafonista ha compartido escenario y grabaciones con grandes nombres del *jazz* como Cal Tjader, Lionel Hampton y Bobby Hutcherson. Por su orquesta han pasado grandes instrumentistas y cantantes de la historia de la música latina, entre los que cabe destacar a Santitos Colón, Vicentico Valdés, Machito, Charlie Palmieri, Willie Bobo, Mongo Santamaría, Gilberto Montroig, George Shearing, Luis "Perico" Ortiz y Ray Barretto.

El grueso de sus ciento diez grabaciones constituye un legado de la música latina para la humanidad, pero para la historia de la salsa resultan imprescindibles sus tres álbumes *Homenaje A Benny Moré*, grabados entre 1978 y 1985, en los que contó con las voces salseras de Adalberto Santiago, Ismael Quintana, Junior González, Cheo Feliciano, Héctor Lavoe y Justo Betancourt, además de los soneros cubanos Celia Cruz y Héctor Casanova.

En 1970 el guitarrista de *rock* Carlos Santana pegó un palo mundial con el tema "Oye cómo va", una composición de Tito Puente, grabada originalmente en su álbum *The World Of Tito Puente* (Tico 1964).

DISCOGRAFÍA

Dance Mania —varios volúmenes— (BMG-RCA-Tico. 1957-1980)
Pachanga In N.Y. (con Rolando Laserie) (Gema 1960)
Homenaje a Benny Moré —tres volúmenes— (Tico-Vaya 1978-1985)
The Legend (Tico 1977)
C'est Magnifique (con Camilo Azuquita) (Tico 1981)
Live At Birdland (RMM 1999)

Tito Puente, latino insigne de todas las movidas, incluida la salsa, aunque él no se considera salsero. ¡Somos así!

Willie Colón: el paradigma indiscutible de la salsa.

WILLIE COLÓN

El argumento más sólido y sonoro contra aquellos que dicen que la salsa no es más que un invento comercial, o que sólo se trata de música cubana con arreglos modernos, es la obra de este *nuyorican*, pues en ella convergen todos los elementos específicos que le dieron carta de naturaleza a la expresión: textos anclados en la circunstancia del barrio marginado, lenguaje marginal (caló), reivindicación de la cultura caribeña ancestral, estética urbana, identificación y, en cierto modo, rechazo del mundo *lumpen*, sonoridad áspera e hiriente, vehiculada de forma descarada y desafiante a través de la ronquera del trombón, asimilación sin complejos de los sonidos anglosajones y, por último, empleo indiscriminado, pero coherente, de los géneros y ritmos afroantillanos en la estructura íntima de cada tema. A toda esta retahíla hay que agregar otro elemento importante: el carácter festivo y bailable de su música. Así es la salsa, así es la música de Willie Colón desde que grabó su primer disco, *El Malo*, en 1967 (véase ficha de Héctor Lavoe), cuyo título constituye toda una declaración de principios y ejemplo de la rabia, la ternura y el orgullo latinos. El tema, compuesto por Colón a la edad de dieciseiete años, es inapelable:

> *No hay problema en El Barrio.*
> *De quien se llama El Malo,*
> *si dicen que no soy yo,*
> *le doy un puño de regalo.*
> *¿Quién se llama El Malo?*
> *No hay ni discusión,*
> *El Malo de aquí soy yo*
> *porque tengo corazón.*

> CORO:
> *¡Echate p'allá, que tú no estás en na!*

Ante las normas de lo políticamente correcto, el poema de Colón no habría llegado ni a la esquina, pues ni el más cínico de los malvados aceptaría ser y llamarse "malo", y mucho menos admitiría serlo por "tener corazón". Afortunadamente, la comunidad legal latina de los años sesenta no estaba para comer cuento ni para historias "políticamente correctas" y, en ese contexto, el tema de Colón era toda una lección de orgullo y guapería.

Así empezó su epopeya urbana William Anthony Colón, un hijo de emigrantes puertorriqueños, que llegó al mundo el 28 de abril de 1950, en pleno, bullicioso y belicoso Bronx.

Antes de grabar su primer disco, Colón tuvo un piquete callejero llamado Los Dandy's. Aquí tocaba la trompeta, hasta que comprobó que lo que le llegaba a la piel y al estómago era el sonido desgarrado de los trombones empleados a fondo por las orquestas de Eddie Palmieri, en Nueva York, y Mon Rivera, en Puertorro. No lo dudó y se pasó inmediatamente a los pistones y a las varas del trombón. La urgencia vital de tocar y grabar fue más importante que la de estudiar y conocer los secretos del instrumento. Las primeras grabaciones de Colón son deficientes desde el punto de vista técnico, pero su verdad musical era lo que a él le importaba: la sociedad latina de la que era socio activo. Unos años más tarde, su honradez y profesionalidad le llevaron a estudiar seriamente la música, las leyes de su instrumento y la estructura de los ritmos caribeños y brasileños.

Por su temperamento y vocación era casi inevitable que en su carrera tropezara con los dos grandes nombres de la salsa: Héctor Lavoe y Rubén Blades. Con el primero sentó los fundamentos de la expresión en diez elepés esenciales, con el segundo salvó a la expresión de la rutina y el agotamiento, conquistó nuevos públicos en toda América Latina y reafirmó el carácter revolucionario de la salsa, tanto en su aspecto vital del baile como en su discurso consciente (véase ficha de Rubén Blades). De esta sinergia con Blades se grabaron cuatro elepés que, como en el caso de los de Lavoe, son esenciales.

Años más tarde, cuando Colón se encontraba desarrollando su carrera con otros músicos, volvió a grabar un álbum con Lavoe (1983) y otro con Blades (1995). Asimismo, ha grabado con Celia Cruz, Ismael Miranda, la venezolana Soledad Bravo y la *boricua* Sophy.

En 1971, como músico perteneciente al sello Fania, y como ídolo del barrio, formó parte destacada del concierto de la Fania All Stars en el Cheetah (véase ficha de Fania All Stars) y de los posteriores conciertos y grabaciones de esta orquesta de estrellas hasta finales de los años ochenta.

En su carrera como cantante y/o director de orquesta, tiene dos álbumes imprescindibles: *El baquiné de los angelitos negros* (1977) y *Tiempo pa matar* (1984). El primero es una *suite* instrumental apabullante, basada en la obra homónima de Andrés Eloy Blanco, (compositor de "Angelitos Negros", el bolero que consagraría en España a Antonio Machín). El segundo es un alarde musical, poético y comercial. En lo instrumental, el disco exhibe una técnica depurada dentro de un amplio formato orquestal que incluye violines, guitarra, coros femeninos y el imprescindible trombón. Es salsa progresiva en toda regla, recurriendo a los ritmos caribeños, brasileños (vía Chico Buarque) y hasta flamencos (vía Manzanita). En cuanto a la lírica, todos los cortes del elepé son sublimes, incluidas las versiones de "Noche de los enmascarados", de Buarque, y "Gitana", de Manzanita, pero "Tiempo pa matar", que le da título al álbum, refleja con gran belleza y contundencia el estado del barrio. El tema, uno de los más extensos que conoce la salsa, narra la desolación de la calle: las distintas suertes que han corrido los viejos amigos del barrio, desempleo, prisión, servicio militar y muerte en la guerra del Vietnam; el machismo, el abandono de la marihuana, el racismo, y el escepticismo individual y colectivo. El tema se desarrolla sobre dos coros que se alternan y complementan, dándole más dramatismo a la historia: "Tiempo pa matar" y "Esperando el momento preciso y ahora es cuando es". El tono desolado y melancólico de las estrofas parece constatar que todo está perdido, que no hay nada que hacer, por más que la historia finalice con un llamamiento categórico: "Me dijo que si no metemos mano, en poco tiempo todos pereceremos. Es que no hay tiempo pa ser indecisos, ¡dale! ¡dale! ¡dale! ¡dale! ¡dale! ¡dale!" Pero a esas alturas (1984), la comunidad estaba desarticulada y sin líderes sólidos, una desventaja que, en la historia latinoamericana, ha sido permanente y exponencial, exceptuando, claro está, el caso cubano. Así las cosas, no debe extrañarnos que la salsa, como tantas otras manifestaciones de nuestra historia, se haya desvirtuado como lo ha hecho y que no hayamos tenido capacidad de respuesta. Y este fenómeno de "nuestra cosa" queda resumido de forma magistral en el tema de Willie Colón.

Después de *Tiempo pa matar,* Colón ha publicado alrededor de diez álbumes. En todos ellos se mantiene fiel a su trayectoria, siempre aler- ta con lo que pasa en el barrio, sin despreciar temas más subjetivos y personales relacionados con el amor, la cultura, la patria y el vacilón. Música para la cabeza y los pies, como la del maestro Eddie Palmieri.

DISCOGRAFÍA

El Malo (Fania 1967)
Lo mato (Fania 1973)
Asaltos navideños. Vol I y II (Fania 1970 y 1973)
El baquiné de los angelitos negros (Fania 1977)
Siembra (Fania 1978)
Doble energía (Fania 1980)
Celia y Willie (Vaya 1981)
Tiempo pa matar (Fania 1984)
Honra y cultura (Sony Music 1991)

Glosario básico salsero

Glosario básico salsero

A

ACHANTADO (A). Aburrido o triste. Humillado por una adversidad.

ACHÉ. Expresión yoruba que significa salud y suerte.

AFINQUE. Acción de tocar un instrumento musical, cantar o bailar con sabor y sentimiento, con gran estilo y elegancia, con caché.

AGUAJE. Estilo vanidoso de tocar, cantar o hablar. Dependiendo del contexto, se emplea en tono admirativo o despectivo.

AGUZARSE. Estar alerta, en guardia. ¡Agúzate!

ALABANCIOSO (A). Adulador, engreído. Mentiroso y/o falto de carácter.

ALGO (ESTAR EN). Saber lo que se tiene y se quiere. Estar al día, estar al loro. Ser un tipo cabal y correcto con quien hay que serlo.

AREÍTO. Canto y danza de los indios taínos de las Antillas. Su rastro se pierde en la noche de la conquista española, pero se sabe que en su estructura tenían un guía (Tequina) que ejercía la llamada para que el coro respondiera.

ASERE. Expresión yoruba que significa amigo, colega.

B

BABALAO. Sacerdote en la santería. El Babalao te aconseja y te guía.

BACALAO. Hombre que trae mala suerte, que está *salao*. Persona *non grata*. También se aplica a los hipócritas.

BACÁN. Hombre de mundo y, por tanto, que sabe estar a la altura de todas las circunstancias. Guapo y con estilo para la rumba y la vida.

BACANO. Algo o alguien agradable. Chévere, legal.

BACHATA. Ritmo musical dominicano de origen campesino. A medio camino entre el son, el bolero, la ranchera y el *blues*, la bachata es conocida como amargue, por su lírica de amores desgarrados. // Fiesta popular. // Música alegre y sin grandes pretensiones más allá del baile.

BANDA. Cualquier orquesta numerosa, pero principalmente las que tienen una gran sección de metales o vientos. También significa un grupo de amigos del barrio o de la escuela, el equivalente a una pandilla o gallada.

BANDOLERA. Mujer ingrata, mentirosa y/o traicionera.

BATÁS. Trío de tambores religiosos usado en los rituales santeros. Sus nombres son: Iyá, Itótele y Okónkolo.

BEMBA. Los labios carnosos y prominentes de la raza negra. Generalmente se refiere al labio inferior. En el caló caribeño, sirve para designar al chismoso o al hablador. A los chismes o rumores se les llama Radio Bemba.

BEMBÉ. Fiesta ritual santera con tambores, comida, bebida y baile. Por extensión, una buena fiesta rumbera es un Bembé, pero también puede ser un lío o problema. En este último caso, se emplea en la interrogación ¿Cuál es el Bembé? o ¿Cuál es tu Bembé conmigo?

BILONGO. Brujería o bebedizo hechicero para atar al ser amado. Se usa en sentido amplio para referirse a un enamoramiento inexplicable.

BILLETE. Dinero, plata, fulas.

BOCHINCHE. Escándalo casero o callejero. También puede referirse a una orquesta cuyo sonido es malo o cuyos músicos no se acoplan.

BONCHE. Pelea, pero también puede ser una rumba, una fiesta.

BORINQUEN. Nombre original (taíno) de Puerto Rico. Conocido en la salsa también como Isla del Encanto, Preciosa y Puertorro.

BOTARSE. Hacer algo muy bien. Soltarse un músico o un bailador y hacerlo con caché, por la maceta.

BRAVO (A). Enfadado. En música, sonido contundente. Desde que se inventó la salsa decadente y romanticona, se acude a este término para diferenciar la salsa brava de la demás.

BRETE. Problema, chisme, pelea. Montaje intrigante para fastidiar a alguien o para justificar alguna conducta malsana o hecho inapropiado.

C

CACHÉ. Clase, categoría. Tocar o bailar con caché, es hacerlo con elegancia y sabiduría.

CAMAJÁN. Hombre de los bajos fondos, con un caló muy cerrado y un estilo de andar, hablar y bailar muy singular y temerario. Por extensión, la guapería de los habitantes del barrio, aunque no se muevan en los bajos fondos.

CAMARÁ. Camarada, amigo o compañero.

CANDELA. Fuego de cerilla o fósforo. Por su significado de fuego y calor, se emplea para aludir a muchas cosas: a la policía, a la esposa o novia de mal genio, a la droga, etc. Cuando alguien o algo es duro de pelar, se dice que fulano o aquello "es la candela".

CAÑONA. Fuerza. Hacer algo a la cañona, sin consentimiento de nadie.

CARRO. Automóvil, coche. En caló más cerrado, se le llama nave o máquina.

CHANGÓ. Dios del rayo, el fuego, la guerra y la rumba en el panteón yoruba. Corresponde, en la religión católica, a Santa Bárbara. (Véase *Orishas*)

CHÉVERE. Algo o alguien agradable, que está bien, que está sabroso.

CHINA. Mujer en sentido cariñoso. Mi china.

CLAVE. Patrón rítmico de la música cubana entroncada en el son (3×2) y el guaguancó (2×3). En la salsa se emplean estos mismos patrones, aunque algunos salseros suelen hacerlo de forma atravesada, es decir, al contrario, sin ortodoxia.

CLAVES. Instrumento musical con el que se toca la clave. Consiste en dos trozos de madera redondeados, de 2,5 centímetros de diámetro como mínimo y unos veinte centímetros de longitud. Las claves las toca el cantante o un corista. En las orquestas de salsa, las claves se sustituyen por una campanita de plástico adherida al timbal y se toca con una baqueta, pero siempre manteniendo el patrón 2×3 o 3×2.

COCO. Cabeza, cráneo o cerebro. Se emplea para aludir al sexo femenino o al enamoramiento. También puede significar problema.

COMAY. Comadre, la madrina de bautizo de un hijo, pero de uso corriente entre amigas y colegas, aunque no hayan bautizado a nadie.

COMBO. Agrupación musical de pequeño formato. Grupo de amigos del trabajo, de la escuela o del barrio, con los que se comparte la rumba.

COMPAY. Compadre, el padrino de bautizo de un hijo. Apelativo muy extendido en el Caribe, entre los amigos, y colegas aunque no exista ningún bautizo de por medio.

CRÁNEO. Problema. Algún asunto pendiente de aclarar.

CUEROS. Se refiere a cualquier instrumento percutivo, compuesto por parches de piel animal: tumbadoras, bongos, batás, etc.

D

DESCARGA. Reunión de músicos para improvisar. Es el equivalente, en música latina, a las *jam session* del *jazz*. La descarga en música cubana fue iniciada por el pianista Bebo Valdés, a principio de los años cincuenta, pero fue el contrabajista Israel López *Cachao* quien popularizó dicho estilo hacia 1957.

DURO. Fuerte y sólido. Se emplea tanto para referirse al carácter de un hombre como a la forma de tocar de un músico o una orquesta, o a la forma de tirar paso un bailador.

F

FAJARSE. En sentido estricto, pelear, pero se emplea para referirse a cualquier lío entre dos, y no necesariamente de pelea; se puede estar fajao con un asunto de trabajo que no está saliendo bien, o con una mujer que no nos quiere o no nos entiende. Estar fajao pude ser también tener dinero.

G

GALLETA. Bofetada. // En música, se llama galleta o chapa a un golpe específico que ejecuta el percusionista sobre la tumbadora.

GUAGUA. Autobús, transporte público masivo.

GUAGUANCÓ. Palo de la rumba cubana, el más urbano y actual. No es un género de ritual santero, pero suele tener en sus letras tributos a los *orishas*. La clave de guaguancó es 2×3, y su patrón es usado con regularidad en los temas salseros.

GUAJEO. Figura que realizan los metales de una orquesta para servir de puente entre dos secciones instrumentales. Los guajeos deben estar expuestos de forma coherente y respetando el tumbao.

GUAJIRA. Nombre de la música campesina cubana. A medio camino entre el punto y el son, su canto es versificado en décimas, alternando el ritmo de 3×4 con el 6×8.

GUAJIRO (A). En Cuba, hombre o mujer del campo.

GUAPO. Valiente. En caló, guapo es el hombre pendenciero de la calle y de la rumba. A esta estirpe pertenecen los malandros y los camajanes.

GUARACHA. Género bailable cubano similar al son, pero más rápido en la ejecución. Procede del teatro bufo y sus letras se caracterizan por los dobles sentidos, la ironía y la burla. Su patrón rítmico ha sido uno de los más utilizados por las orquestas salseras.

GUARACHERO (A). Amante del baile. Persona alegre y rumbera.

GUATEQUE. Palabra de origen taíno (indoantillano). Significa, fiesta familiar o de barrio con música, comida y bebida.

GUERREROS. Nombre familiar dado a los dioses en las religiones africanas, conocidos también como potencias u *orishas*.

GUILLAR. Aparentar lo que no se es. Su significado en caló proviene de su siginificado inicial de "esconder".

GUAYO. Instrumento musical indoantillano conocido también como güiro. Consiste en una calabaza con cortes horizontales que se frotan con un palito o baqueta. Por lo general, el guayo es tocado por el cantante o algún corista de la orquesta, al igual que las maracas.

H

HECHO (ESTAR). Tener éxito en algún aspecto de la vida, principalmente en el económico y el afectivo.

HUELER. Malformación fonética de oler. Se emplea para referirse a la acción de esnifar cocaína.

J

JAMAR. Comer. Su empleo sirve para referirse tanto al acto gastronómico como al sexual.

JARA. Policía.

JEVA. Mujer.

JIBARO. Nombre familar del campesino en Puerto Rico. En caló, designa al vendedor callejero de marihuana.

JUMA. Borrachera.

K

KILO. Dinero, en general. Equivalente a un peso o un dolar indistintamente.

L

LANA. Dinero.

LAPA. Sanguijuela. Hombre o mujer que vive de los demás.

LEGAL. Correcto. Estar bajo los efectos de cualquier sustancia narcótica. Música bien hecha y sabrosa. Su significado puede ser homologado con 'chévere' y 'bacano'.

LONDRI. Lavandería. Termino *spanglish* originado en la palabra inglesa *laundress*.

M

MACETA (POR LA). Algo muy bien hecho. Por todo lo alto.

MALICIA. Picardía. Sabiduría callejera.

MAMBO. Además del género musical, el mambo es la parte más excitante del son y la salsa. En el mambo, improvisan los instrumentistas y el cantante introduce el montuno (las inspiraciones). A esta sección también se le llama moña o diablo. Se usa también como sinónimo de problema o asunto, en el mismo sentido que 'bembé'.

MAMI. Mujer.

MANÍ. Cacahuete. Problema.

MANO. Apócope de hermano aplicado al amigo, no al hermano de sangre.

MANTECA. Marihuana.

MANUELA. Masturbación.

MELAO. Problema. Jugo o zumo de algo. Sabor.

MELAZA. Extracto supremo de la caña de azúcar. Miel. Sinónimo de la raza negra.

MIJO (A). Contracción de 'mi hijo', 'mi hija', aplicado tanto a hijos de sangre como a cualquier vecino o amigo.

MIMA. Mami al revés. Se emplea para referirse a la novia, a la esposa, o a una mujer que se pretende conquistar.

MONTEADENTRO. Del campo. En música, significa que tiene sabor tradicional y que respeta las raíces.

MONTUNO. Parte en la que el cantante improvisa versos o frases referidos al tema. Por regla general, el son cubano y la salsa se estructuran en tres partes: tema, coro y montuno.

MOÑA. Parte rápida de una pieza salsera que viene después de la exposición del tema. (*Véase mambo*).

MULATO (A). Hijo de negro y blanco. Se emplea para referirse de forma cariñosa a cualquier persona, independientemente de su color de piel.

N

NUYORICAN. Hijo de portorriqueños nacido y/o criado en Nueva York.

NICHE. Persona de raza negra.

O

ORISHAS. Dioses de las religiones africanas. También se les llama guerre-ros. Los principales *orishas* son: Aggayú Solá, Babalú-Ayé, Changó, Elegguá, Orula, Obatalá, Obbá, Ochún, Oggún, Ochosi, Osain y Yemayá. Todos estos dioses tienen sus equivalencias en la religión católica y, en la música, tienen sus propios toques de santo y son nom-brados con frecuencia en la música no ritual de Cuba, Puerto Rico, Haití y Brasil. En la salsa, por supuesto, abundan sus referencias.

P

PAILAS. Timbaletas o timbal usado en las orquestas tipo charanga, en las *jazz band* y en las orquestas de salsa.

PANA. Amigo. Otras palabras usuales para referirse al amigo son: asere, socio, compadre, hermano, compay.

PAPIAR. Comer. También se usa jamar.

PAQUETE. Mentira. Empaque, envoltorio. Un plante que se hace para engañar a alguien.

PAQUETERO (A). Persona mentirosa.

PASO (TIRAR). Bailar.

PEA. Borrachera. También se usa *juma.*

PEGAO. En el baile de parejas, quiere decir bien agarrao. En música, se refiere a un tema exitoso.

PELA. Paliza. En general, se refiere al castigo físico ejecutado con un cin-turón sobre el culo.

PESOS. Dinero en general.

PIE (ECHAR UN). Bailar.

PLANTE. Dinero mínimo para jugar a las cartas o a cualquier juego de azar. // Farol. Aparentar algo que no se es o no se tiene.

PLATA. Dinero. También se usa: pesos, kilos, fulas.

POLLO. Mujer. Por lo general se emplea para referirse a las mujeres jóve-nes y atractivas.

PRIETO (A). Forma cariñosa (¿o eufemística?) de referirse a una persona de raza negra. Niche. También se usa para referirse a algo oscuro.

PUCHUNGA. Novia o esposa.

PUERTORRO. Gentilicio abreviado y cariñoso de portorriqueño. Boricua.

Q

QUEMAR. Bailar bien pegao y/o con afinque. // Estropear algo.

QUISQUEYA. Nombre original, en lengua taína, de la República Dominicana.

R

RUMBA. En general, fiesta con buena música. // Complejo musical cubano que abarca el tango congo, los coros de clave, el yambú, la columbia y el guaguancó.

RUTINA. Estilo característico de un músico en sus improvisaciones y de una orquesta en sus interpretaciones.

S

SABOR. Sabrosura musical. El sabor y el sentimiento son dos componentes telúricos de la salsa y, en general, de toda la música caribeña. Si una orquesta o un cantante no tienen sabor, no están en nada. También se usa: *swing*, saoco, afinque y aguaje.

SALAMERO (A). Persona aduladora y falsa.

SALAO. Persona con mala suerte a causa de un embrujo, hechizo o 'trabajo'. Estar como el bacalao (salao).

SALSOTECA. Local donde se escucha y/o se baila salsa de marca.

SANDUNGA. Sabor. En música se refiere al *swing* o afinque de una orquesta o un tema. En una persona, a su estilo de bailar o de caminar.

SANDUNGUERA (O). Persona que le gusta la rumba y que, en general, tiene sabor y gracia vitales.

SAOCO. Sabor. Esencia que le da sabrosura a la música caribeña.

SERENO. Antiguo vigilante privado de las calles de un barrio.

SERRUCHO. Colecta. Compartir a partes iguales el coste de la rumba, la bebida, la comida o la droga.

SOCIO. Amigo. También se usa: pana, asere, compay, hermano.

SOLAR. Patio común de varias viviendas pobres en Cuba. En el solar se reúnen los vecinos a charlar, a comer y, sobre todo, a formar la rumba.// En América Latina, en general, terreno descampado en el que se reúnen los amigos para vacilar.

SONERO. Cantante de son o salsa con gran capacidad para improvisar en el momento, haciéndolo con sabor, respetando la musicalidad y refiriéndose al tema o al momento con ingenio. Si el cantante no reúne estas cualidades, podrá ser un buen cantante, pero no un sonero.

SWING. Sabor. Sabrosura a la hora de tocar un número musical o al bailar. También se usa: saoco, afinque, melao y aguaje.

T

TESO. Valiente. Esta palabra es una abreviación de tieso. También se usa: bravo, guapo, duro.

TRABAJO. Hechizo. Embrujamiento que se encarga a un brujo para fastidiar a un enemigo o para obtener el amor de una persona.

TRAQUETEAR. Trabajar en asuntos ilegales.

TUMBAO. Base rítmica repetida de la tumbadora en contrapunteo con el bajo y el piano. El tumbao sirve de armazón rítmica a toda la pieza tanto en el son como en la salsa. En las descargas, su importancia es decisiva para que los otros instrumentistas intervengan con seguridad y afinque.// Estilo de una persona para caminar, bailar, hablar, etc.

TUMBAR. Robar.

V

VACILAR. Pasárselo bien y sin trascendencia en una fiesta, en la esquina, con una jeva o con los amigos. // Tomar el pelo.

VACILÓN. Algo sabroso y divertido.

VACUNAO. En el baile de guaguancó significa el momento en que el hombre penetra, de forma simbólica con un golpe pélvico, a la mujer desde atrás. Por extensión, puede usarse para referirse al acto sexual.

VARADO. Sin trabajo. No tener plata.

VELANDO. Esperando inútilmente.

VELLONERA. Máquina automática de audición de discos mediante pago con monedas. Su nombre viene de vellón, nombre español de las monedas en la época colonial. La máquina vellonera se conoce también con los nombres de *juke-box*, *rockola* y traganíquel.

VESRE. Revés. Hablar al vesre es común entre la gente marginal para no ser descubiertos en sus temas o en sus tramas. Muchas palabras del lunfardo argentino y del caló caribeño deben su origen a este recurso del habla.

VOLTIAO (MIRAR). Mirar de reojo o con odio a alguien. También puede ser una mirada maliciosa o precavida.

BIBLIOGRAFÍA

ARTEAGA, JOSÉ. *Música del Caribe*. Ed. Voluntad. Colombia 1994.

CAICEDO, ANDRÉS. *Que viva la música*. Ed. Plaza & Janés. Colombia 1985.

DÍAZ AYALA, CRISTÓBAL. *Música cubana. Del areyto a la nueva trova*. Ed. Cubanacán. Puerto Rico 1981.
Cuando salí de La Habana. 1898-1997: Cien años de música cubana por el mundo. Ed. Fundación Musicalia. Puerto Rico 1998.

DOMÍNGUEZ, GARY. *Cuadernos latinos 1986-1990*. Programas de audiciones de la Taberna Latina. Cali-Colombia.

EVORA, TONY. *Orígenes de la música cubana. Los amores de las cuerdas y el tambor*. Alianza Editorial. España 1997.

GÓMEZ, JOSÉ MANUEL. *Guía esencial de la salsa*. Ed. La Máscara. España 1995.

MÉNDEZ, ÁNGEL. *Swing Latino. Gente Caribe*. Ed. El Palacio de la Música. Venezuela.

OROVIO, HELIO. *Música por el Caribe*. Ed. Oriente. Cuba 1994.

ORTIZ, FERNANDO. *La africanía de la música folklórica de Cuba*. Ed. Universitaria. Cuba 1965.

PAGANO, CÉSAR. Ismael Rivera. *El Sonero Mayor*. Ed. Antropos. Colombia 1993

RODRÍGUEZ JULIÁ, EDGARDO. *El entierro de Cortijo*. Ed. Huracán. Puerto Rico 1983.

RONDÓN, CÉSAR MIGUEL. *Salsa. Crónica de la música del Caribe urbano*. Ed. Arte. Venezuela 1980.

STORM ROBERTS, JOHN. *El toque latino*. EDAMEX. México 1982.

ULLOA, ALEJANDRO. *La Salsa en Cali*. Ed. Universidad del Valle. Colombia 1992.

VARIOS AUTORES. Edición coordinada por Cristóbal Díaz Ayala.
La marcha de los jíbaros. 1898-1997: Cien años de música puertorriqueña por el mundo. Ed. Plaza Mayor. Puerto Rico 1998

1900 434003